恺撒

Gaius Julius
Caesar

恺撒

Gaius Julius Caesar

皮波人物国际名人研究中心 编著

国际文化出版公司

·北京·

图书在版编目（CIP）数据

恺撒/皮波人物国际名人研究中心编著. --北京：国际文化出版公司，2012.11（2024.2重印）
（名人传记丛书）
ISBN 978-7-5125-0383-0

Ⅰ.①恺… Ⅱ.①皮… Ⅲ.①恺撒，G.J.(前100～前44)—传记 Ⅳ.①K835.467=2

中国版本图书馆CIP数据核字（2012）第135755号

恺撒

作　者	皮波人物国际名人研究中心　编著
责任编辑	郑湫璐
统筹监制	葛宏峰　刘　毅　任立雍
策划编辑	刘露芳
美术编辑	丁鉷煜
出版发行	国际文化出版公司
经　销	国文润华文化传媒（北京）有限责任公司
印　刷	北京一鑫印务有限责任公司
开　本	700毫米×1000毫米　16开
	7.5印张　75千字
版　次	2012年11月第1版
	2024年2月第3次印刷
书　号	ISBN 978-7-5125-0383-0
定　价	29.00元

国际文化出版公司
北京市朝阳区东土城路乙9号　邮编：100013
总编室：（010）64270995　传真：（010）64270995
销售热线：（010）64271187
传真：（010）64271187-800
E-mail：icpc@95777.sina.net

目录

目录

青少年时代

恺撒家族

盖乌斯・尤利乌斯・恺撒雕像

公元前100年的罗马是一座巍峨壮丽的城市，生活在罗马的人物质富足，教育程度也很高。随着罗马权力和影响的扩大，财富开始集中在少数人手中，贵族是整个社会中最富有的成员，但是穷奢极欲的物质享受仍不能令他们满足，于是他们不断寻找新的感官刺激。后来，贵族们热衷于观看角斗。所谓的角斗，就是在一个大的竞技场上，让奴隶或罪俘与饿狮搏斗。在这种决斗中生还的人极少，而目睹这些惨不忍睹的景象后，养尊处优的贵族们反而显得欢乐无比。当时的罗马，整个都笼罩在浮华、贪婪、浅薄、骄奢的阴霾中。

这时候，在罗马郊外的一处庄园里诞生了一个婴儿。在古代的罗马，有长子继承父亲名字的旧俗，因此，这位恺撒家的长子承袭了父亲的名字盖乌斯，取名为盖乌斯·尤利乌斯·恺撒。

在那个时代，相对于其他地方的女性而言，罗马的女性更有自由，也更有力量。恺撒的母亲是个自尊心很强而且极有智慧的女性，她在儿子 15 岁时失去了丈夫，从那之后，她把精力全部放到了恺撒身上，希望他健康地成长。恺撒也深爱着母亲，很信赖她的判断，他常常把自己最大胆的计划告诉母亲，也经常获得母亲的鼓励。

恺撒的父亲盖乌斯任过财政官和大法官，还曾出任小亚细亚的总督。恺撒 15 岁的那年，父亲突然逝世于比萨。恺撒的母亲奥莱莉亚也是来自权势很大的奥莱利·科塔家族。他的姑母茱莉娅也嫁给了赫赫有名的马略。这样显赫的身世，注定了恺撒会有不平凡的辉煌人生。

公元前 69 年，恺撒在姑母茱莉亚的葬礼中说："因为我的母亲，我的家族有了罗马王的血统，因为我的父亲，我的家族又与不朽的诸神相连。"他非常了解，如想在政界大展宏图，就必须夸大自己的家世。

7 岁时，恺撒被送进了专门培养贵族子弟的学校。在学校里，恺撒在文学、历史、地理等科目方面总是得到老师的夸奖。他活泼开朗，脑子灵敏，而且令老师惊奇的是，他有问不完的问题，而且总是要打破砂锅问到底。恺撒小时候最崇拜的就是他的姑父——马略，他常常缠着姑父给他讲他在外出征打仗的故事。

恺撒酷爱古希腊文化，特别是希腊的古典文学。除文学外，他还喜欢体育运动，他精通骑马、剑术等，肌肉发达，体魄非常强健。

当时的罗马，表面上似乎歌舞升平、繁华昌盛，事实上，平民与王室、奴隶与贵族之间的矛盾越来越尖锐。罗马人的内心里大约已经感觉到了，一旦发生内乱，整个国家也将毁于一旦。大概也是因为这个，贵族们索性尽情享乐，过着今朝有酒今朝醉的颓废生活，这种消极态度，也是时代背景的写照。

恺撒曾亲身经历过恐怖的内乱，单是苏拉和马略之间的两次战争，就使得 20 万平民生灵涂炭。他深深地感觉到，当务之急，除了需要制定严密的法律之外，还得有一个强有力而且公正无私的人出面领导，才能力挽狂澜，拯救摇摇欲坠的罗马。

这也是当时罗马人的理想。他们知道，民主政治听上去远胜于君主专制，但事实上，那些野心勃勃的政客以及握有兵权的军阀们一旦作起乱来，会使整个国家陷于灭顶之灾。倒不如由一个英明睿智、仁慈无私的人出来统治，即使他独揽大权，也比战乱迭起、动荡不安要好得多。

马略和苏拉

依照罗马的惯例，贵族青年在成年后要加入军团接受训练。恺撒因此离开了罗马，去东部的几个省份接受军事训练。在这期间，他认识了一个好朋友，名叫卡西乌斯。卡西乌斯虽然身体羸弱，但是有一副非常冷静的头脑。恺撒称赞他说："你或许成不了一名叱咤沙场的猛将，但一定会是个了不起的谋士。"

恺撒的姑父盖乌斯·马略（约公元前157年—前86年）是古罗马统帅，政治家。他虽出身平民，可是在政治上却一帆风顺。他为人正直，干劲十足，作风朴实，是个地道的军人，深受平民的拥戴。

对于一向毫无背景而孤军奋斗的马略来说，娶了名门闺秀茱莉亚之后，他便能和贵族携手，从此平步青云了。在那个时代，这种联结对他来说是非常需要的。后来，正是由于得到尤利乌斯一族的支持，马略才被选为执政官。

马略曾远征非洲，俘努米底亚国王朱古达，于公元前104年凯旋，威名显赫。

当时，意大利北部有两个部族——条顿和辛布里，他们经常兴兵作乱，并屡次击败罗马军，后来马略率兵去征讨，先后于公元前102年和103年将他们击溃，从

盖乌斯·马略雕像

此消除了北方的威胁。其后，由于平民派首领的反对，马略不得不离开罗马。当意大利各城市为了争取罗马市民权而群起反抗时，他又被召回。

马略虽然挽救了国家，但他应有的荣誉并未恢复。趁罗马内乱时期，小亚细亚的本都国王米特拉达梯发起了反罗马统治的米特拉达梯战争，马略和苏拉为争夺统帅地位发生冲突，米特拉达梯支持马略的平民派，强烈要求公民大会通过授予马略军队指挥权的法案，苏拉则立即率领他的军团进军罗马，把马略派予以放逐。

苏拉一离开罗马，马略派立即占领罗马，大杀政敌，这是公元前 87 年间的事。

四年以后，苏拉从小亚细亚归国，这时候马略已死，但苏拉攻入罗马后仍然肆意杀戮，疯狂报复，平民派惨遭杀害者不计其数。

马略在公元前 107 年至前 104 年被选为执政官，他曾大力改革罗马的军制，以募兵制代替征兵制，不再按照祖先实行的等级征兵的方法，而允许任何公民志愿参军，其中大部分是无产者。按马略推行的制度，士兵脱离生产，无法自养。为保证士兵的生活，马略规定，士兵的薪饷和武装由国家供给。

马略的军事改革结束了罗马公民兵制度，解决了因小农衰微导致的兵源枯竭问题，使大量的无产贫民加入军队，既巩固了罗马政权，又稳定了罗马社会。但是马略的改革使原有的公民兵变成了长期服役的职业军队，遂造成了某些军人飞扬跋扈，亦使以往的内争变成内战，为军事独裁政治的产生创造了条件。

这时的罗马可以说是混乱如麻，共和政体的罗马也为它逐渐扩张的领土付出了代价。由于国力大增，以致生活习惯和公民阶级的构成也随之改变了，原来的制度完全跟不上时代。随着中、小地主阶级的力量大大削弱，加上其中有很多死于战争，他们在经济上也逐渐趋于没落。而新兴的骑士和商人阶层却日益强壮，使他们能与元老院的贵族阶级——大地主阶级互相抗衡。

这样一来，那些破产者以及一些对现状不满的人纷纷从各地涌向首都，依赖政府的救济维持生计，这么一来，罗马的无产阶级就突然壮大起来了。

在马略执政的时代，贵族政治的统治仍然很顽固，抑制了企图夺取部分权力的平民。马略致力于政治问题的解决，起初他支持平民，后来却遭到平民中极左派分子的反对。在他七度被选为执政官后不久，马略却不幸去世了。马略的去世使得罗马政局更加动荡不安。

就在这个时候，意大利诸城因自觉地位卑贱而对罗马虎视眈眈，无产阶级和农村贫民因生活困窘也蠢蠢欲动。遭遇政治困境的罗马，似乎已很难抵御来自外界的重重压力了。

但是，那些目光犀利而意志坚决的人懂得如何从当前的局势中获得利益，恺撒就属于这种人。

若论血统、教育以及财富，恺撒只要自己愿意，马上就可以和贵族阶级联手，平步青云。但是，他却选择了不同寻常的一条路，这就显示出他对局势的正确判断。

恺撒 14 岁的时候，遵照父亲的意愿和柯苏蒂亚结婚。公元前 85 年，也就是恺撒 15 岁的时候，父亲去世了，他也和柯苏蒂亚离了婚。第二年，他又和秦纳的女儿科涅莉亚结婚。

岳父秦纳和姑父马略曾经一同担任罗马执政官，他们的共同政敌是柯奈留斯·苏拉。公元前 84 年到前 78 年的内乱期间，先是秦纳和马略得势。在苏拉从小亚细亚率军回国的途中，庞培统率一支精兵加入了苏拉的阵营，使他声势大振，虽然那时候秦纳和马略都已先后去世，苏拉仍余恨未了，大肆报复，这在前面已经提过。

虽然马略和秦纳都是苏拉的政敌，但是，苏拉却非常欣赏睿智的恺撒，很想把他网罗在自己的旗下。

有一天，苏拉在家中设宴款待恺撒。恺撒入座后，苏拉叫自己的女儿在一旁陪侍。席间，苏拉对恺撒的聪明睿智大加赞扬，认为他的前途无量，只可惜娶了叛臣之女为妻，影响了前程。

苏拉的用心已越来越明显了，恺撒听了这番话，心里实在不是滋味，他正色道："政治上的恩怨已经过去了，如果有一天罗马真正需要我的时候，决不会计较我的妻子是谁。如果我能有机会为罗马服务，我也不会计较过去那些私人恩怨。凡事只求光明磊落，俯仰无愧就行了，不知您老人家意下如何？”

苏拉听了这些话后仍未死心，他认为眼前这位年轻人也许还没有了解自己的心意，于是继续说道：“好孩子，你才智出众，品格修养也无可挑剔，我所见到的年轻人中，还没有人能比得上你呢！我已老迈，国家的前途就寄托在你们这帮出类拔萃的青年人身上了。就拿庞培来说，他只比你大几岁，如今已经重兵在握，在我看来，你的才能远在他之上。”

他稍作停顿，偷偷看了一眼恺撒的表情，然后继续说道：“假如你我结亲的话，我可以保证，元老院里所有的人，包括西塞罗在内，都能臣服于我，并把你视作我唯一的继承人，希望你不要辜负我的一番心意。”

恺撒早就猜到了苏拉的心思，只是没想到他竟会如此赤裸裸地说出来。

恺撒低头寻思：他要我抛弃妻子，娶他的女儿为妻，凭着裙带关系而谋求发展，男子汉大丈夫，纵然因此能在政坛上争得一席地位，将来也必为天下人耻笑。更何况，苏拉是我岳父和姑父的政敌，当年姑父去世后，他仍然肆意报复，大肆杀戮其余部。倘若我继续与他共事，怎么对得起九泉之下的二老？不管从哪个角度来说，我都不能答应他。

恺撒抬起头来，看着一脸期待的苏拉，然后斩钉截铁地说道：“我和科涅莉亚结婚以来，夫妻恩爱，如果此时弃她于不顾，这于情于理都说不过去，如果我这样做的话，也将被天下人唾骂！您老人家的一番美意我心领了，谢谢您的抬举，再见！”

说完，恺撒站起身来径直离去。

没有想到自己的一番好意反而招来一顿嘲笑，苏拉脸色陡变，咬牙切齿，欲置恺撒于死地。

恺撒辞别苏拉后，心中也在盘算，阴狠毒辣的苏拉必然会恼羞成怒而起杀心的。于是他赶忙备了马匹，趁着夜色离开罗马，前往亚细亚避难。

果然，当恺撒告辞离去后，苏拉立即准备预谋晚间去刺杀恺撒，将其置之死地以解心头之恨。却不料机警的恺撒早已逃得无影无踪了。苏拉垂首叹息道：“这个狡猾的小子，几个马略加起来也没他难对付！”

初涉政坛

锋芒初露

公元前 83 年的春天，苏拉的军队在意大利登陆，随即展开激烈的内战。此时秦纳已死，但他和马略的余党尚在，战斗十分残酷，死者达到 10 万人之多。公元前 82 年，苏拉攻入罗马，有 90 名元老、15 名高级长官和 2600 名骑士列入苏拉的公敌名单。一时血雨腥风笼罩罗马，无数的贵族和平民遭到屠杀，财产被掠夺。这可能是罗马城内最大的一次屠杀。

苏拉从此获得至高无上的统治权。他被“选举”为终身独裁官，成为实际上的国王。但苏拉却没有建立帝制，他在独裁之时，竭力保护共和国的政治体制，执政官仍在选举。当苏拉计诱恺撒未能得逞，刺杀的阴谋又未达成时，他便将元老院玩弄于掌股之间，把自己的一些党羽、爪牙安插到元老院去，使得元老院人数增加为六百人之多，而且这些元老都是终身制。公民大会已经形同虚设。有关国家的大政，表面上是取决于元老院，事实上等于是听命于苏拉一人，从此罗马公民的政权被剥夺殆尽。

有人认为苏拉是一生想做王而不果。苏拉自己曾经说过，他是经常以亲切的照顾对待友人，以十分的憎恶来报复敌对的人。

公元前 79 年，苏拉因为年事已高，精力不济，无法处理政事，在一次公民大会上突然宣布放弃所有的权力。他在引退的第二年就病故了。

恺撒最初要出任的公职是朱庇特神祭司，朱庇特是古罗马神话里的神，相当于希腊神话里的宙斯。在当时，祭司没有太大实权。祭司负有维持罗马市内宗教和法律传统的责任，要统御公私的祭祀仪式，要决定如何能达成宗教上的义务。

祭司职务分为高低两类，分为普通祭司和祭司团首领。此外，在神圣王主持的奉献牺牲仪式上，还有诸神的祭司及管理圣火的维司塔贞女等。

祭司团的首领称为大祭司。大祭司决定节庆、司法日（即允许处理法律事务的日子）、非司法日（不允许处理法律事务的日子）的日期。他们也对每年发生的主要事件进行记录。大祭司也可以参加公共事务。在形式上，他们不负责个人敬神活动，但他们必须出席称之为“神圣麦饼婚礼”的神圣婚礼仪式。祭司团有居住于王宫广场一角及穿戴特别服饰的特权。

现在我们也可以想象恺撒步行前往王宫或者王宫广场的情景。广场地区是罗马的心脏，那儿有神殿、公共建筑、政府机关、市场、店铺及银行等等，形形色色的人来来往往，络绎不绝。

人人都拥向这里，来听政治家的演说、辩论、投票、开设法庭等。广场东侧有演说用的讲台，演说的人站在台上向群众发表议论。

倾听法庭辩论家或政治家的演说、与各阶层人士结交、亲自出入市内最为热闹的地方……在这种环境中长大的恺撒，从小就表现出了对政治的极大兴趣，这对他的人生有非常重要的影响。

当时的宗教虽只有祭典仪式的形式而无实权，但却合法而广泛地伴随国家行事及政治活动，在公务生活中具有非常重大的意义。我们相信，恺撒正是认清了当时的宗教仪式在政治活动中的重要性，才极力争取被选为大祭司的。

奥古斯都是恺撒的甥孙，生于公元前 63 年，死于公元 14 年，是古罗马帝国的开国皇帝。他和其后的皇帝都拥有大祭司的称号。

虽然恺撒后来受到特赦，但却被剥夺了祭司职务。为了政变环境，获得军事、外交的经验，他将目标锁定东方，去接触希腊文化。事实证明，他这一决定是非常明智的。

公元前 82 年至前 79 年间，恺撒旅居东方，并在前 81 年随马尔库斯·泰尔穆斯前往小亚细亚。到达小亚细亚后，他便得到一项任务，前往比蒂利亚要船只。卑斯尼亚国王尼科梅德已经答应了向罗马供应船只，但却迟迟不肯履约。初出茅庐的恺撒顺利完成了这项使命。

公元前 80 年，恺撒随军前往米蒂莱，在战斗中，恺撒显示出了非凡的军事和外交才能，并因为表现英勇而获得花冠。公元前 79 年，他还参加了清剿西里西亚海盗的战斗。

公元前 78 年，苏拉突然病故，得到消息恺撒立即返回阔别多年罗马。经过一番观察，他发现平民派的内部貌合神离，一盘散沙，而且缺乏领导人才，致使贵族派嚣张得势而拥有特权。恺撒便以平民派的领袖身份出现在公共事务中，他慷慨好施，广为交游，虽负债累累但仍颇受欢迎。

恺撒极少关心政治，仅仅是以辩护人的身份在法庭等处为自己或拥护者辩护或者起诉。例如公元前 78 年在执政官莱皮德叛乱失败后，要求赦免自己的拥护者；公元前 77 年起诉其政敌多拉贝拉贪污；公元前 76 年为希腊人辩护，与该尤斯·安东尼乌斯对抗。这些举动虽然赢得了人们的喝彩，但却激怒了苏拉派的余党，加上他债务日增，使得他不得不再度离开罗马。他准备再到东方的罗德岛去研修雄辩术。

当时，地中海沿岸的海盗极为猖獗，东起小亚细亚，西至西班牙，都是海盗的活动范围，这些残忍的海盗们打家劫舍、杀人越货，滨海的居民以及航行于地中海的商船均不堪其苦，却又无可奈何。

恺撒还没有到达小亚细亚，就被西里西亚海盗所捕。海盗们要求以 20 塔兰特作为赎金。恺撒嘲笑他们不知道自己捉到了什么人，并要求海盗至少要索取 50 塔兰特。随后，恺撒立即派遣随行人员分别到几个地方去筹措所需款项。在等待赎金的38天里，他不得不同海盗们待在一起，他对他们开玩笑说获释后一定要将他们统统送上十字架。他获释之后所做的第一件事便是组织一支舰队，捕获了所有劫持他的海盗,将他们一个一个地钉死在十字架上。恺撒远赴罗德岛，拜师在雄辩大师阿波洛尼奥斯的门下学习雄辩术，可是，他并没有在那儿作长久停留。

公元前74年，罗马与米特拉达梯之间再度爆发战争，恺撒自己花钱召集了一部分军队，击败了敌方一个副官。

恺撒公元前74年，恺撒返回罗马，继承了舅舅奥莱利乌斯·科塔的职位，成为祭司。恺撒在祭司团里干得很不错，他以他高贵的出身、优雅的举止、广博的知识、精湛的武艺，很快就成了年轻祭司的头领。

这个时候的恺撒已经崭露头角。公元前72年，斯巴达克斯（约公元前120年—前70年）率领的奴隶起而叛乱。当斯巴达克斯率军沿亚得里海岸穿过整个意大利时，罗马元老院宣布国家进入紧急状态,命令克拉苏统率大军前往镇压。奴隶起义被镇压后，罗马获得暂时的平静。

这时罗马当政的是两位执政官,一位是卓越的军人庞培，另一位是镇压了斯巴达克斯奴隶起义军而成名的克拉苏。这两人执政后着手改变苏拉当政时的旧体制，并赦免逃亡西班牙的平民党人。恺撒的妻弟也在这次大赦之列。恺撒的声望和地位虽然远不及两位执政者，但人们已经能感觉到他在罗马政坛上的影响力了。

平定西班牙之乱

中年时期的恺撒

海盗的骚扰和东方的叛乱一直没有平息，元老院授命庞培率军去平叛。

看见庞培耀武扬威地出征，恺撒的心里也是痒痒的，很想轰轰烈烈地干一场。他知道没有武力作后盾就不可能出人头地，更何况自己债务缠身，只有在战斗中才能获取财富，以了清那些债务。因为战争获胜后，被征服地区的财力、人力都可以收为己用，不仅国库得以充实，而且俘获的人可以当作奴隶贩卖，增加一大笔财富。

他立即向元老院建议说，目前西班牙的叛乱正烈，对我们的威胁不亚于东方，如果能拨一部分军队给我，我保证可以迅速平定叛乱，不负国人的期望。

元老院了解恺撒的才能，他既然主动请缨，因此马上就批准了他的请求。恺撒统率了一支大军，浩浩荡荡地向西班牙进发了。

在罗马，士兵自备武装是历来的惯例，也可以说是国家向公民征收的一种税。自从马略改革兵制之后，士兵的薪饷和武装由国家供给，使得罗马军比过去民主了很多，虽然他们的军纪和军阶仍然很严格，但军官们不论身份高贵与否，都得和士兵们起居与共，生活在一起。

恺撒也不例外，他身为统帅，与士卒们同吃同住，这种作风赢得了部下们的忠诚拥戴。

恺撒率军远征时,特地邀请他的好友卡西乌斯出任幕僚。在行军途中，由于过度劳顿，使得恺撒身患热病，体力不支，卡西乌斯劝他暂停休息，待病体复原后再继续前进，恺撒坚决不从，卡西乌斯只好叫士兵们准备了担架，让恺撒躺在担架上继续前进。经过几个月的鏖战，终于平定了西班牙的叛乱。这时恺撒的身体已经恢复，他挑选了一部分部队留在西班牙，然后胜利回国。

恺撒虽然站在平民派一边，对寡头政治集团采取敌对的态度,可是他也一直没有忘记令他引以为荣的家世。他确信，只有神所选的人才能赋予人民强大的力量。出身高贵就是为神所选的标志，如能同时被赋予了天才和幸运，那就更为有利了。他的这种观念，与古时候的君主几乎没有什么不同。

他出身于名门贵族，如果认为于己有利时，他也会利用家门、名声。在他谋求高官重权时，虽然需要依赖平民与军队，但却不相信平民具有自治能力。

在当时,泛希腊文化的理想与观念已经深深地渗透人心。恺撒与任何时代的政治家一样，为了取得民众的支持，他会尽量博得民心,必要时甚至会做出一些让步。唯一不同的是,他绝不会让寡头政体持续下去。

当时的恺撒虽然已经没有生命之忧，不过，强劲的政敌却在一旁虎视眈眈。从整个局势来看，对恺撒未必有利。作为一个政治家，恺撒的步伐是缓慢的：他在公元前 72 年就已出任高级将领，在战时拥有辅助性的军队指挥权，更重要的，这是他迈向高位的第一步，紧接着下一步是取得元老院的职务，也就是竞选财务官。公元前 70 年，32 岁的恺撒再次参与选举，并顺利当选财务官，这一职务是罗马官职体系中第一个正式官职，而且只有 30 岁以上的人才能参与竞选，任期一年。恺撒于公元前 69 年前往西班牙赴任，作总督的副手并主管这个行省的财政。

当恺撒即将离开罗马往西班牙赴任之前,发生了两件事，足以证明恺撒自我宣传的功力之深厚了。

这两件事便是姑母茱莉亚和妻子科涅莉亚的相继去世。恺撒一反罗马的习俗，在亡妻的葬礼上做了公开的演说。在姑母茱莉亚的葬礼上，他更以美丽的辞藻，夸耀恺撒家族的渊源及荣誉。根据神话传说，罗马城的缔造者叫罗穆卢斯，罗穆卢斯的祖先埃涅阿斯是女神维纳斯的儿子。而埃涅阿斯之子阿斯卡尼又名尤尔，恺撒滥用词源学，硬将其作为自己氏族的祖先，并由此断言自己是维纳斯的后裔。

依照罗马的习俗，高贵人物的送葬行列中要抬出有名的祖先。恺撒还抬出了马略的肖像，明确表示出他对姑父的尊敬和仰慕,并有追随其足迹的意图。这件事果如恺撒的预期，博得了民众的喝彩。

葬礼完毕以后，恺撒立即离开罗马，前往西班牙赴任。

财务官监督国家的国库与财政事务，以及军队和官吏。后来苏拉在执政期间改革了财务官制度，设定了该职务的最低担任年龄，贵族是 30 岁，平民是 32 岁。而获选为财务官者自动获得元老身份，同时财务官的数目也提高至 20 名。

财税官责任重大，但是也有一个不好的地方，就是不论时间长短，总得远离政治中心罗马。不过，这是古罗马的每个政治家所必须经过的一个进身阶梯，所以恺撒很乐意地接受了这一职务。

恺撒在赴任之前，先安排挚友留在罗马，以便随时提供消息给他，使他不至于隔绝在政治之外。

在西班牙出任财政官的恺撒还没什么名气。恺撒想到自己已经年过三十,尚未出人头地,内心焦躁不已。有一个传说，颇能显示出他的抑郁心情：有一天，恺撒在赫库利斯神庙中看到了亚历山大大帝（公元前 356—前 323）的雕像时，联想到亚历山大在自己这个年龄就已征服世界，而自己还无所作为，他不禁感慨万千，随即便请求解除自己的职务，离开了西班牙，返回因酝酿着重要的政治事件而动荡不安的罗马。

当时的贵族势力已逐渐式微，影响力大减，不得不在多方面与平民妥协让步，而护民官中也出现了平民派分子。

这时候，传来东方军事行动失利的消息。当时罗马的两大忧患是海盗及米特拉达梯。公元前 74 年的执政官卢库卢斯（公元前 117 年—前 56 年）撇下海岸地区的海盗不管，而深入内陆去攻击米特拉达梯，结果却徒劳无功，空手而返。

庞培却利用这个机会，逐步稳定前进，他是执政官之子，也是大地主。他立下许多赫赫战功，例如征服了米迪亚人，镇压了反叛的列毕得斯，平定了西班牙，并成功地在地中海扫荡了海盗和那个难以捕捉的彭特斯王，使得他们在之后的两百年间无法恢复元气，庞培因此声名显赫，气势冲天。庞培从西班牙回国，就借着自己的声望以及掌握的军权，打破惯例，越过财务官的阶段，于公元前 70 年与克拉苏一同被推选为执政官。

庞培本是苏拉的手下，他的登场使恺撒有了真正的政敌，一场激烈的龙争虎斗不可避免地开始了。

恺撒从西班牙回国以后，于公元前 65 年当选为监察官。他向克拉苏借了一大笔钱，趁此机会极力加强自己的权威，扩大自己的声望。

他刚一就任就立即着手装修公民大会广场、大会堂等；在卡彼托（丘比特庙）之丘建立柱廊，使它更为堂皇壮观；他甚至把苏拉所拆除的马略纪念碑大胆地移回卡彼托之丘。

监察官的工作包括道路及建筑物的监工，市场、市价及宗教祝祭的监督等，还要负责组织公众的娱乐活动等。这项差事的好处就是可以自由举行这种活动，这是赢得民心的绝佳途径。

到了该用钱的时候，恺撒会毫不犹豫地去借钱，放手去做。有时候，他以自己的名字公布娱乐活动，有时与同事毕布路斯联名公布,但即使是毕布路斯与恺撒联名的游乐活动，也被民众简称为恺撒的游乐活动。毕布路斯曾为此感到不平，但恺撒却并不介意。

恺撒举办的娱乐活动都给人以强烈的印象，例如战车竞技就足以使人为之疯狂。但是,最使人疯狂的还是斗士竞技，由经过特别训练的犯人或奴隶手持各种武器，组队群斗或是单打独斗。有些贵族也会为了找刺激或争取民心，而投身于竞技中。

由于恺撒把太多的奴隶送入竞技场，使得元老院下令限制送到罗马来的奴隶人数，罗马人还没有忘记斯巴达克斯起义的惨痛教训。

若以成败论英雄，则庞培要远逊于恺撒，但若把庞培评估得过低，也是不正确的。

庞培比恺撒年长六岁，在他 36 岁的时候，就和克拉苏一起被推选为执政官时，名誉和声望无人能及。

他之所以能够获得如此的声誉，是由于征讨了海盗以及米特拉达梯。这个狡猾透顶的彭特斯王曾把执政官卢库卢斯的军队诱入内陆腹地，而海盗们则乘海岸地区防务空虚而为所欲为。航行于地中海的商船经常遭受劫掠，沿海居民更是不堪其扰，生命财产全无保障。元老院曾几次派出讨伐的队伍去对付海盗，但效果微乎其微。小股部队去讨伐，海盗们往往集结大队人马进行对抗；大队人马去了，海盗们便退到船上逃之夭夭，罗马的军队也无可奈何。这一次他们竟在忽然袭击中绑架走了两位穿着紫边长袍的行政长官和他们的仆从和侍卫，还向元老院索要高价赎金。

为了挽救危机，政府必须大刀阔斧地开战不可了。公元前 67 年，保民官奥路斯 · 伽比尼乌斯提出了一项法案，要求元老院授予庞培三年的特别权力，以便让他能自由地率领军队与地中海的海盗进行斗争。当时，此一提案获得了包括恺撒在内的多数元老院议员的同意。

其实，庞培只需要三个月的时间就够了。在得到元老院的授权后，庞培迅速派出了他的传令官，到地中海沿岸的各个行省,命令各行省长官抽调精锐部队随同庞培的大军作战。就这样，经过三个多月的战斗，庞培出色地完成了任务，把海盗在克里特岛和小亚细亚奈利奇亚的基地连根拔起，这一仗使得危害地中海沿岸的海盗元气大伤。

庞培讨伐米特拉达梯的战役，也是在短短时间里就取得了胜利，米特拉达梯的军队完全被击溃，彭特斯王也落荒而逃，最后自杀身亡。

这两次的胜利使小亚细亚的情况发生了决定性的改变，罗马获得了新属地，巨额的金币纳入了国库。

克拉苏趁庞培离开罗马远征的空隙，继续进行他的政治阴谋活动，这也间接地增长了恺撒的野心。

公元前 65 年的执政官选举中，平民派的代表当选。元老院里控制寡头政治的议员们，借口这次投票不够公平，宣布此次竞选无效，而另外提名了两名候选人。

身为监察官的恺撒也参与了克拉苏的计划，准备在公元前 65 年 1 月 1 日暗杀两名新执政官，以使原来的平民派当选者复职。不料，这项计划却在紧要关头功亏一篑，因为恺撒忘记给同谋者发出信号。

恺撒不是一个无私的人,他只会为自己获取大权而努力。

他提案征服埃及使其成为罗马属地,也是基于这个目标,但是元老院的贵族们认为这个计划非同小可,而且极端危险,因此这一提案未获通过。

但恺撒并未因此心灰意冷，当大祭司皮乌斯去世时，他马上抓住机会，出来竞选。可是，恺撒当选的希望极为渺茫，因为另外两个候选人伊索里库斯和卡特路斯都是显贵之士。

护民官拉比努斯（公元前 100 年—前 45 年）为了帮助恺撒，设法使恢复旧法的法案获得通过，也就是说只要能获得构成罗马市民团的 35 个地区代表中的 17 个支持，就可以当选为大祭司。这么一来，就必须通过行贿来获得选票，但对礼金并不雄厚的恺撒来说，希望仍然很渺茫。幸而富豪克拉苏拿出大批金钱支援恺撒，使他获得了压倒性的胜利，在公元前 63 年当上了大祭司。

这事对贵族派是一个重大的打击，使他们回想起苏拉的话：“几个马略加起来，也不及这个恺撒难对付。”

“喀提林阴谋”

公元前 63 年，恺撒率军西征的时候，罗马曾经发生过一次变乱，那就是所谓“喀提林阴谋”。

当时，由于连年征战，国力耗费殆尽，也影响了商业发展，罗马人心惶惶，民众怨声载道。此外，元老院里党派纷争愈演愈烈。又由于种种原因，人民与贵族阶级之间的冲突也越来越激化了。 在公元前 64 年举行的执政官选举的候选人中，有一个名叫喀提林（公元前 108 年—前 62 年）的人。喀提林出身于一个破落的贵族家庭，苏拉独裁进行大屠杀大没收时，喀提林是他的一个急先锋。苏拉死后，他益发嚣张。

这时候，刚好庞培和恺撒分别率军远征，罗马城内防备空虚，喀提林再也无法抑制膨胀的野心。他在竞选时公开扬言说，假如是他当选的话，凡是投票支持他的人，所有的负债可以一笔勾销，不支持他的人则需要付出高昂代价。

公元前 66 年，喀提林曾因不法征收罪嫌而被起诉，但于第二年获判无罪。在公元前 64 年的执政官选举中，虽有克拉苏及恺撒做他的后盾，但因贿选严重，反而引起了贵族们的一致对抗，最后败给了西塞罗。

喀提林仍不服输，因此，在公元前 63 年的执政官选举中再度出来竞选，并且暗中勾结一些头脑单纯的军人和自己的爪牙，计划在竞选失败时来一次政变，杀死西塞罗及其同伙，然后焚毁元老院，制造混乱，以达到他为所欲为、独揽大权的目的。但这阴谋却被西塞罗发现了。刺客来到执政官家时行迹败露，落荒而逃。两天后在元老院的会议上，喀提林仍然照常出席。

在罗马，西塞罗被誉为有史以来第一位演说家。他扫视一下全场，认为时机已到，就站立起来发言，他当场指着喀提林，揭发了他的阴谋，并一一列举出确凿的罪证。

这时群情哗然，会场一片骚动。喀提林眼看奸计未能得逞，心中暗暗叫苦，之后他成功逃脱，与他在意大利西北的同谋者及军队会合，但他在罗马的党羽则遭捕杀。长老院宣布喀提林为公敌，西塞罗及加图（公元前 95 年—前 46 年）要求将喀提林判处死刑。

这一事件反映出当时议会政治的脆弱，稍有不慎，就会落入野心家之手。后来恺撒的军权被夺，也可以说是基于此种原因。

喀提林事件之后不久，恺撒与妻子庞培亚离婚，这件事再度显示了他的沉着和稳定。

他的前妻科涅莉亚去世以后，他于公元前 67 年娶了苏拉的孙女庞培亚为妻，这纯粹是一种政治性的婚姻。

那还是在恺撒刚当选为最高祭司不久，在为善良女神举行祭礼的那一天，恺撒作为最高祭司在家里举行禁止男子参加的祭祀的秘仪时，当选的财务官普布利乌斯·克洛狄乌斯男扮女装混入恺撒家中，虽然经过审讯，大家都相信没有任何参与者受到玷污，但是恺撒仍然坚持与庞培亚离婚，理由是“恺撒之妻不容怀疑”。克洛狄乌斯被传往法庭接受侦询，虽然他极力辩解，想使起诉他的西塞罗相信他不在场，但是徒劳无功。最后双方都提出了让恺撒作为证人。元老院本来是想利用这一手，挑拨恺撒和克洛狄乌斯之间的关系。但是出乎他们意料的是，恺撒竟宣称，他什么也不知道。克洛狄乌斯被宣告无罪了。

此后，恺撒又趁此机会和庞培亚离婚，又娶了卡帕妮亚为妻，这是他的第四任妻子。而自此以后，克洛狄乌斯则对恺撒鞠躬尽瘁，对西赛罗恨之入骨。恺撒的这一举措，不仅强调了自己的人格不容侵犯,同时又避免了一场严重的纷争。

在这次事件之前，恺撒因涉入西塞罗及其政敌的一场纷争，而被元老院下令撤销职务。恺撒故作镇静，假装不在乎地隐居家中。但是迫于群众的压力，元老院不得不下令恢复其职位。从这件事，就可以看出恺撒在民间的声望有多高了。

公元前 61 年，恺撒被任命为西班牙行省总督。当时，一些债权人威胁他必须留下来，不能一走了之，恺撒又一次陷入了经济困境中，以至于克拉苏不得不为他偿还贷款。

恺撒在西班牙属地扩充军队，加强罗马的统治，并不断地出兵征服附近土著部落。他要用辉煌的战功使自己的声望与庞培并驾齐驱。

恺撒到任后不久，他就发动了对卢西坦人和加拉埃西人的进攻，取得胜利后又把这两个部族各一分为四，由各自首领统领。恺撒一战而使得这两个从不曾为罗马屈服的部族屈服了，他获得了巨额财富，而且把罗马的边界一直推进到大西洋海岸。恺撒不但自己发了财，他慷慨地给士兵分配战利品并颁赠荣誉，并且一反罗马的传统政策，几无差别地授予许多人以罗马公民权。

三头结盟

恺撒在恢复行省秩序后，不等继任者到达，便匆匆离开了行省返回罗马，参加执行官竞选。恺撒的西班牙之行大大充实了自己的实力，而且取得了可以举行凯旋式的荣誉，但是这一令人 梦寐以求的荣誉，恺撒却把它放弃了。因为在未举行凯旋式的情况下，他就没有权利进城，也就没有权利提出竞选执政官了。因此他不得不放弃了凯旋式，以换取执政官候选人资格。

公元前 60 年，恺撒从西班牙凯旋回到罗马，向元老院交卸了兵权。此时庞培已先他而回，这两位罗马最优秀的军人，虽然都对国家建有殊功，但先前的“喀提林阴谋”使得元老们心有余悸，因此也对这两个立了大功的人怀有戒心。

但是，在一般罗马人的心目中，早已把他们视为了不起的英雄人物。尤其是恺撒，他虽然出身贵族，但他出任公职的时候，却始终站在平民的立场，为广大的人民谋求福利，因此，在民众中享有极高的声誉。

位于德国慕尼黑的庞培雕像

恺撒的声望固然很高，但仍属于庞培及克拉苏之下。庞培本来是属于苏拉派，一直为苏拉效力，有辉煌的经历和战功。当他在西西里岛和埃及击败马略的残党回到罗马时，虽说苏拉并不太情愿，但仍准许庞培举行凯旋式。

克拉苏不但是能干的军人，也是罗马屈指可数的富豪之一。克拉苏注意到罗马的房屋鳞次栉比，很容易失火，就组织了一个当时还罕见的消防队，一旦有房子失火，他就趁房主们恐惧不安之时，以极低的价格买下正在着火的房子及其相邻的房屋，然后才开始扑火。靠这种手段，他累积了庞大的财富。

克拉苏对庞培的声望早就心生嫉妒，如今见到他已经交卸了兵权，更是认为机不可失，再加上一些人在旁边煽风点火，益发使他们水火不相容。恺撒冷眼旁观，他心里另有一番打算。他和庞培两人现在都是卸交兵权的失意军人，如果他们两人彼此合作，则双方蒙利。

看清时局后，庞培和恺撒自然而然地结合在一起。于是恺撒把自己的独生女茱莉亚嫁给了庞培。这种政治婚姻，在历史上可说是并不鲜见。其实，就庞培的立场来说，他又何尝不想趁此机会和恺撒之间结成更亲密的同盟，以壮大自己的势力呢？

若想在政坛上闯出一番局面，他们还缺少一样东西，那就是钱。于是，富可敌国的克拉苏就成为他们笼络的目标。恺撒成功地使庞培和克拉苏放下仇怨，重新联手。等到一切安排妥当，有了经济后盾，他们就大肆活动，收买人心。

公元前60年，庞培和克拉苏顺利地当选为执政官。第二年，恺撒也被捧上与他们共同执政的宝座。

恺撒出任执政官以后，仍不改以往的作风，以平民派的首领自居，尽力为人民谋福利，他制定了很多使罗马公民受益的法规，他提出的土地征用法案，曾遭受反对派的阻挠和反对，但最后还是胜利了，这使得他获得了更高的声望。

恺撒此时最大的政敌是西塞罗，恺撒的想法把他逐出罗马。恺撒想起了克洛狄乌斯，在那次丑闻案中，西塞罗告发了克洛狄乌斯，使克洛狄乌斯对西塞罗深恶痛绝，但恺撒却救了他，使他一直感激非常。恺撒想利用克洛狄乌斯去对付西塞罗，但是，要想让克洛狄乌斯出来活动，必须让他获取有权力的职位，必须让他担任护民官，但是按照规定，贵族不得担任平民职位的护民官。

后来，恺撒让克洛狄乌斯得到大祭司的同意而成为平民的养子。同时，又公布了平民的养子就算是平民的法律。

这么一来，克洛狄乌斯就很顺利地当上了护民官，这是公元前58年时的事。

克洛狄乌斯出任护民官后，立即提出一个议案，规定不经法律判决而欲剥夺其他人的生命者，就是触犯了刑法。如果这一提案获得通过的话，就有理由把西赛罗逐出罗马。

西塞罗眼看当前的情势对自己非常不利，聪明的他就在公元前58年3月主动地离开了罗马。

高卢战争

早在公元前509年，罗马共和政体草创之初，就已定下了执政官任期是一年这项制度。

公元前58年，恺撒担任执政官的任期届满。在完成执政官任期之后，恺撒被授予作为总督管理山北高卢（今法国南部）和伊利里亚（今巴尔干半岛亚得里亚海沿岸地区）五年的权力。他有权率领三个军团并自选副司令以建设殖民都市。接着，元老院又追加了一个军团给恺撒。

这个职位远远超过他的期待。其实，在他与庞培及克拉苏之间的同盟尚未被人知晓之前，他被安排的卸任后的职位，是令人啼笑皆非的森林及家畜通路的监督。后来，长老院迫于他们三人联盟的强大力量，才给了他现在这个职位。

恺撒离开罗马，前往高卢赴任，他一到职，就积极地着手训练士兵。恺撒在高卢的五年任期满后，又于公元前56年再续协议，继任高卢总督五年。在高卢战役之初（即公元前58年春），他只有一个军团（高卢的拿路波内西斯的第六军团）可以支配，后来他将分配给他的奇撒路毕那的第七、第八及第九军团抽调过来，另外又组成第十和第十一两个新军团。第十军团对恺撒最为忠诚，随着战役的展开，其他的军团也逐渐锻炼成精锐的部队。

恺撒的成功，有赖于他从政初期的认识——政治家必须要有军力支持。

恺撒离开罗马不久，三巨头之一的克拉苏就野心勃勃地乘机弄权。他也想以战功来增加自己的声望，竟然不自量力地远征帕提亚王国。帕提亚王国是在东方兴起的国家，领土广大，东起印度河，西至幼发拉底河，沃野千里，极为富饶。

克拉苏错判了自己的军事才华，他以为灵活的头脑可以帮助他克服一切的困难，即使是准备的不足和经验的匮乏，还因为嫉妒恺撒和庞培的功勋，结果他选择了最错误的进攻方式，不顾他人阻拦进军，当他想到要撤退时却已被包围，以致几乎全被歼灭。克拉苏当场被俘。帕提亚的士兵把金币烧熔，从他的嘴里强灌下去，可怜的克拉苏顿时被烫毙。他平时爱财如命，如今则死在“钱”上，真是一大讽刺！

从此，罗马三巨头里只剩下庞培一人留在罗马了。

且说，恺撒抵达高卢后，他最大的冒险才正开始。恺撒不仅急着想建立战功，也想借此开辟财源以清偿旧债及收买人心。在恺撒的心目中，高卢是士兵、奴隶、金银财富聚集的庞大仓库，为了善加利用这个无尽的资源，当然有必要经常保持战乱状态。

恺撒指挥的军队有铁一般的军纪，并经过严格的训练，是当时最强的军队。军队的基本单位是军团，每个军团有6000名士兵，分为10个大队60个小队，除去伤患及缺额外，实际上每个军团的士兵大约5000名。

军团的士兵是步兵，各持一盾牌、两支枪及一支短剑，军团是由副司令指挥。除了步兵军团之外，又有高卢、日耳曼的骑兵、克里特岛及埃及的弓箭队、巴列阿列斯群岛的投石器部队，以及铺路、架桥及整备武器的工兵部队。

当时，高卢人数最多的部族海尔维第族共有36.8万人集结于罗马边界的罗纳河畔，他们企图迁居到高卢西南部的肥沃地区。海尔维族是罗马最大的威胁势力，必须将他们铲除。但是恺撒的大军仍在意大利，手头上只有一个军团可用来对付庞大的敌人。于是他下令破坏罗纳河上唯一的桥梁，并把有限的兵力配备在30公里长的河边，构筑了一些坚固的堡垒。恺撒全权委托拉比埃努斯坚守阵地，自己则赶返意大利。

海尔维第人眼看不能渡过罗纳河，于是决心强行突破哈埃得威地区。被侵入的该部族立即驰报罗马，请求支援。这时候，以急行军越过阿尔卑斯山回来的恺撒，虽然出现在海尔维第族的背后，但是由于兵力悬殊，恺撒避开了正面交锋，转而攻取哈埃得威族的要塞欧丹。

海尔维第族被这一行动所欺，他们认为恺撒在撤退，因此转过来追击。其实，他们是中计了。恺撒在欧丹附近一处峻岭的斜坡上列阵以待，当海尔维第族赶来时，被恺撒的伏兵团团围住，一举击溃。海尔维第族人只得投降，答应返回原来的居住地，不敢再有入侵的企图了。

这就是恺撒在高卢的第一次战役，从公元前 58 年起，恺撒就以高卢总督的身份驰骋于战场。那时候，高卢的北方时常遭到日耳曼人的侵犯，就好像西汉时匈奴危害中国北方边界一样。恺撒统率大军把他们击败于阿尔萨斯平原。

公元前 57 年，恺撒率军进入北方的比利时族的土地，在山布尔河畔一役击溃了挪威族，再击败阿托阿特其族，接着掌扬了诺曼底及布列塔尼。在当年的秋天，恺撒宣称已经控制了高卢的大军。

身先士卒的恺撒，以捍卫祖国、保护盟邦等理由，蚕食了高卢的土地，逐次地将其纳入罗马的统治范围内。

公元前 57 年，恺撒已经征服了三分之一的高卢。西塞罗对于《高卢战记》的评语是“不文饰，正确而清楚地”写作，他更进一步评述说，对于高卢战争，任何史家都不可能写得比恺撒更好和更令人兴奋了。

不得不承认，西塞罗的评论相当准确。即使放到现在，

《高卢战记》也被公认是一部伟大的作品。恺撒成为自己的裁判，他以超然的态度描述自己的业绩，为后世留下了翔实的纪录。

那时候，高卢的北方有日耳曼人为患。凯撒率军出征，在阿尔萨斯平原上展开了一场激战，结果是日耳曼人惨败。

同年，恺撒进行第二次远征，击败了由斯韦夫人的首领阿里奥维斯特指挥的各日耳曼部落联军，将其赶过雷努斯河（莱茵河）。

公元前 57 年，恺撒发动第三次远征，征服了比尔及人和其他东北部的高卢部落。此后，恺撒向元老院报告，他已征服了整个高卢。罗马人的掠夺和暴行激起了高卢部落多次起义。为镇压这些起义，恺撒又对高卢进行了五次远征。

作为征服者,恺撒在战争中是残酷的。但作为高卢总督，他对高卢人却采取宽大、容忍的政策。他打垮了不自量力的喀尔特族的反叛，并没有对他们进行严厉的报复，反而明令提高高卢人的地位，使他们享有与罗马公民同等的权利。当然，这样做是为了使他们心服，从而达到长治久安的目的。

不列颠之战

公元前 55 年，恺撒的目标锁定在不列颠岛。这个岛是高卢反叛者的避难地，岛上的土著也憎恨罗马人。

不列颠人在水边迎敌，他们把军舰驶抵岸边，以便向恺撒的军队攻击，运输船则停泊在较远的地方。当恺撒军团的士兵在浅滩登陆时，不列颠人迅即往后撤退，恺撒这方面由于兵力不足，所以不敢深入追击。

第二年，恺撒率领一支由 800 艘船只组成的庞大舰队，再次入侵不列颠。所有舰只都在正午时到达不列颠，但敌人却一个都不见。恺撒后来才从俘虏口中得悉，虽然敌人在那边集中了大批军队，但看到罗马来了这么多舰船，吓得撤离海岸，躲到较高的地方去了。

当恺撒率领大军冲锋陷阵时，大海又一次成了他的敌人，一阵突如其来的风暴毁坏了大量船只，恺撒只得停止进攻，回过头去修船。后来，虽然有 5 个军团及 2000 高卢骑兵顺利地登陆，但仍不能获得决定性的胜利。

随后，恺撒改用外交手腕，与几个地方首领结盟，以削弱敌方的战力，而在数周内获得大胜。最后，恺撒与不列颠人缔结了和平条约，其中有一项规定，就是不列颠必须对罗马称臣纳贡。恺撒本人对此并不怎么期待，事实上也没有履行。

战况报告送达罗马以后，不管其政敌的评价如何，罗马曾举行了 20 天之久的感谢祭典，此一辉煌的战绩又提高了恺撒在罗马的威望。

不列颠岛真正被罗马人征服是在公元 43 年，罗马皇帝克劳迪乌斯（公元前 10 年—公元 54 年）在位的时候。

公元前 54 年，恺撒再度率领舰队远征不列颠岛时，高卢内部又起叛乱，告急文书不断地送到恺撒之手，催他火速赶回平乱，镇压埃布龙人、阿杜阿蒂基人、内尔维人、特雷维里人和其他部族的起义。这些部族获得了挪威族的协助，突击了两个副司令指挥的罗马军营，并将其破坏。驻屯在挪威族地区的罗马军一度溃败，幸好恺撒的援军及时赶到，得以化险为夷，而且平定了全局。

可是，一些顽强的偏激分子仍不屈服，公元前 52 年他们拥戴年轻贵族韦桑热托里克斯为首领，将分裂的各部族联合起来，组织了训练精良的军队。韦桑热托里克斯是一个天才的军事家，此时他们已经团结了几乎所有的高卢部族。

恺撒感觉到，激烈的决战即将展开，于是急调驻屯于各地的军团。高卢起义军在格尔戈维（今克莱蒙费朗附近）击败了罗马军队，令罗马人觉得胜利已经无望了。

后来，终于又有了转机。那时候，被撤退中的罗马军击败的日耳曼人一蹶不振，他们的主将认为大势已去，就急急撤退，逃往阿列西亚去了。恺撒以双重阵地包围阿列西亚，一方面围攻该城，一方面对付韦桑热托里克斯的援军。经过一昼夜的激战，高卢人的攻势减弱，恺撒趁机反击，最后获得决定性的胜利。第二天,韦桑热托里克斯的援军宣布投降。反抗者受到如此严重的打击，他们的力量便从此一蹶不振，再也无力反抗了。

就在恺撒率领舰队远征不列颠时，他的独生女儿、嫁给庞培为妻的茱莉亚因难产去世。庞培又娶了另一位贵族的女儿为妻,这意味着他又和贵族联结在一起了。原先的三巨头,克拉苏已经死在帕提亚，恺撒远征高卢，只有庞培在罗马，成了权势遮天的人物。元老院对他言听计从。当加图这帮人建议推举庞培再度任执政官时，元老院毫无异议地通过了。

另外，非洲领地和西班牙也在庞培的直接管辖下，他每年可以从这些地方获得巨大的利益。

至于恺撒这方面，他的目标是下一届（公元前 48 年）的执政官。他企图延长自己在高卢的军事指挥权，如果事情顺利的话，他虽不在罗马，却可以以属地长官的身份竞选执政官。一旦他当选后，就无惧于任何攻击。

恺撒曾把这项请求送往罗马，庞培却把它搁置下来，不予理会。庞培深知现在唯一的政敌就是恺撒，此人不除，他的威胁便永远存在。

恺撒时代

与庞培决裂

现在恺撒在高卢拥有重兵，当务之急是削弱他手中的兵权。庞培找了一个借口,命令恺撒将驻防高卢的军队调回罗马。

恺撒早就看透了庞培的心思，但他还不准备跟庞培撕破脸皮，于是他将计就计，设了一个局。

恺撒被派往高卢时，可以统领三个军团，后来，元老院派他兼任高卢的拿路波内西斯长官，因此追加他一个军团，总共是四个军团。

恺撒接到罗马来的命令后，就遣送两个军团回国。他把这两个军团的军官召集来，感谢他们连年征战为国效劳，说如今大局已定，理应让他们回国与家人团圆。

将士们听到这个消息，个个都高兴不已。他们在内心里对这位平时和士卒们同甘共苦的长官，忠诚拥戴，感激不已。

此外，恺撒又做了两项部署：一是给每位回国的将士发放优厚的奖金，二是暗中派了几个心腹回国，让他们回国后故意散播谣言，说恺撒在高卢时独断独行、不得军心，以致部下怨声载道等。

恺撒的两个军团回到罗马以后，庞培踌躇满志，非常得意，一则因为恺撒这个傻瓜竟然乖乖地交出了一半的兵权；二来，又听到这批部下的怨言，便断定恺撒不得军心，必然招致失败，因此，庞培更不把恺撒放在心上。

过了不久，元老院更进一步，要恺撒把兵权全部交出来。恺撒向元老院请求说，如果庞培也同时交出兵权的话，他就接受命令，无条件地交出兵权，只身回国。

这个请求合情合理，恺撒的好友安东尼极力支持他，罗马的人民也齐声拥护。可是，庞培怎么肯答应呢?

这件事在议会中引起一场激烈的争辩，但他们势单力薄，终于在表决时被庞培派击败。元老院宣布不接受恺撒的要求。

罗马面临着一场危机，流血不可避免，气氛显得格外紧张。罗马人预感到，大祸即将临头了。

恺撒知道了国内的情况后，再度向元老院列举理由，说明高卢境内的情况，要求至少保留两个军团的军力，才能吓阻土著的叛乱。否则，后果不堪设想！

这时候，西塞罗从西里西亚视察归来了，眼看国内纷争四起，他忧心忡忡，为了避免罗马生灵涂炭，于是自告奋勇出面斡旋，怎奈庞培这一伙人气焰正盛，认为恺撒是心腹大患，必欲除之而后快，因此对于西塞罗这一番话完全听不进去。

眼看着自己一再地忍让、妥协，却换来对方的步步进逼，恺撒实在不能再忍下去了。罗马法律规定，任何指挥官皆不可带着军队渡过卢比孔河，否则就是背叛罗马。思索半天之后，恺撒说了一句话：“渡河之后，将是人世间的悲剧；不渡河，则是我自身的毁灭。”

公元前 49 年 1 月 11 日，恺撒率领手下仅有的 5000 步兵及 3000 骑兵，向意大利和高卢交界的卢比孔河进发。

他命令部下轻装疾行，趁着朦胧的月色连夜进军，在黎明前就以迅雷不及掩耳之势，轻而易举地占领了意大利北部的重镇亚平宁城。接着，恺撒的大军浩浩荡荡地向南开拔，不久就抵达卢比孔河畔。恺撒命令大军在卢比孔河畔安营扎寨，军士们饱餐以后立即伐木造桥，傍晚时分已经全部渡过了卢比孔河。

当时，庞培手下有一名叫拉比纳司的战将，此人足智多谋，骁勇善战，庞培对他甚是看重。不过，这位战将曾是恺撒的旧交，对恺撒的雄才大略颇为敬仰，而且他对庞培的结党营私、一意孤行的作风也颇为不满。在离开罗马前往高卢前，恺撒早已在罗马布下了周密的情报网。因此，虽然身在国外，但对罗马的情况却了若指掌。到了这个时候，恺撒当然不会错过机会，把拉比纳司争取了过来。

恺撒的另一好友安东尼此时也已逃离罗马，投奔到恺撒的身边，安东尼也是一位出色的战将。由于安东尼和拉比纳司两人的协助，恺撒的大军更如虎添翼，势如破竹，接连攻占了好几座城池。

罗马城内已经一片混乱，过去与恺撒作对的贵族们愤愤出逃。罗马的百姓们都认为恺撒是被逼而出此下策，即使他率军攻占了罗马，也不会伤及无辜的百姓，因此，他们反倒以镇静的态度观望着，不愿离开。

庞培原打算把罗马城的人民全部迁走，使恺撒一无所获，顶多占领一座空城。如今见到这种情况，才发现自己远不如恺撒那般深获民心。

庞培拥有数倍于恺撒的兵力，但是恺撒在不到两个月的时间里，已经占领了大半个意大利，罗马岌岌可危、朝不保夕。何况庞培手下的一员大将拉比纳司又背叛了自己，投奔了恺撒。拉比纳司不但智勇双全，而且也掌握许多军事机密，走了一个拉比纳司，不啻损失了数万雄师！

庞培知道罗马城是守不住了，于是率领军队及余党离开罗马，到南方去寻找落脚的据点。

二雄之争

恺撒一向军纪严明，此次率军回国，主要是向庞培兴师问罪，所以一路上秋毫无犯，百姓们也很拥护他，使他兵不血刃，在短期内就占领了意大利北部的许多城镇。

恺撒大军开进了罗马，城里一片宁静，没有丝毫骚乱迹象。老百姓知道恺撒此来是向庞培和元老院兴师问罪，不会影响他们的生活，这使恺撒非常欣慰。他清点国库，并贴出安民告示。庞培的党羽都跟着他逃亡去了，留下来的官员，恺撒让他们恢复原职。恺撒罗马人民见到这位虽是贵族出身，却处处为平民着想的恺撒如今又重回罗马，内心里除了拥戴以外，更有一份热望和期待。

庞培放弃意大利后，寄希望于他的海上部队和隶属于罗马的东方各国国王、部落显贵，企图从希腊组织反攻。他在那里集合了 11 个军团、7000 骑兵以及由 600 艘战舰组成的舰队。同时，庞培派驻西班牙的两个将领在西班牙拥有重兵，仍不时从海上运送给养接济庞培，使得庞培顽强抗拒，不肯与恺撒言和。恺撒决心来个釜底抽薪之计，使得庞培的接济中断，然后再来对付他。

就在当年的六月，恺撒亲自率兵进入西班牙去攻击庞培派驻的守军，八月间，终于将之击败，主将阿富拉纽斯和培特留斯先后投降，恺撒收编了大部分的叛军。

公元前 49 年 12 月，罗马的议会一致决议将政权全部交给恺撒，并推举他为独裁官。但是恺撒主动放弃独裁官的地位，而和赛维莱斯及依萨利库斯共同担任执政官，以保持罗马传统的政治精神，这是他第二次担任执政官。

恺撒固然是一位亲民爱民的政治家，但他更是一位卓越的军事将领，具有无人可及的军事才能。

庞培虽然已经逃到了南方，但恺撒始终觉得如芒在背，寝食难安，庞培一日不除，国家就难望统一。他和赛维莱斯及伊萨利库斯商议对策，当下决定，罗马暂时交由赛维莱斯及伊萨利库斯共同管理，自己则率领军队去讨伐庞培。

公元前 48 年 1 月，恺撒率军向庞培的盘踞地——布隆迪休姆出发，庞培知道自己不是恺撒的对手，因此带领部下乘船逃往希腊和小亚细亚去了。

恺撒虽然不费一兵一卒而取得了布隆迪休姆，却没有真正打击庞培的有生力量，心里很是不甘，他认为放虎归山必然后患无穷，必须趁热打铁，于是就在布隆迪休姆征集大小船只，率领先头部队渡过了爱琴海。

恺撒的部队气势如虹，很快就攻占了奥利康和阿玻罗两个重要据点，并俘获了许多船只和物资。随后，他命令这些船只开往布隆迪休姆，去接运陆续抵达的步兵和骑兵，不久，恺撒的主力部队已经全部结集在东岸了。

当时，庞培拥有 3.6 万个步兵、3000 个弓箭兵、1200 个投石兵、7000 骑兵以及 300 艘战舰。恺撒这方面有 3.4 万个步兵、1400 个骑兵和百余艘战舰。论实力，恺撒比不上庞培，何况他千里远征，背海作战，休息和给养都跟不上。

这一场战斗的胜败关键，就在于信心和斗志。

庞培见到恺撒率师远征，背海而战，认为这是犯了兵家大忌，心中不免暗暗高兴。两军在都拉基乌姆展开了阵地战，双方战斗非常激烈，庞培军以他优势兵力步步进逼，恺撒军虽然拼死搏斗，仍然屈居下风，伤亡颇重，不得不暂行撤退。恺撒很后悔自己在这荒野的海滨和敌人展开厮杀，由于补给的不足而影响了士气。为今之计，必须先找到一处有充分给养的富庶地区，才能和庞培决一死战。

这时候，他的一名部下向他进言说，前面不远就是一大片肥沃的平原，那儿有两座城市，都很富足，何不将主力移往那边，再作计较。

恺撒听从了部下的建议，转向法萨罗平原进军，很顺利地占领了那两个城市，士兵们获得充分的休息后，兵强马壮，军威大振，准备下一次的殊死战。

庞培这方面看到恺撒溃退，许多将领都劝庞培乘胜追击，一举消灭恺撒的残部。但是庞培认为恺撒已成强弩之末，不足为患，等自己的部队稍作休养、整补后再去追剿，还不是手到擒来吗？此外，不是军人出身的加图见到战场上的惨烈情况，也觉得于心不忍。因为死的都是自己的同胞，所以他也附和着说："恺撒劳师动众率军远征来攻打自己人，一来出师无名，二来给养困难，久而久之，他的部下必然心生怨怼，离心离德，谁还愿意为他卖命？过不了多久，就是他的部下也会生起叛离之心，杀了恺撒来投奔我们的。我们且拭目按兵不动，拭目以待吧！"

加图因不忍再见到血流成河的悲惨景象，以为只要敌军内部把恺撒解决掉，就可天下太平，这种观点纯属幻想。

如果以军事的观点来看，这样做绝对是养虎为患。因此，大部分的将领们仍然据理力争，劝庞培不可松懈。庞培拗不过将领们的力劝，终于决定率军进击了。

恺撒早就料到庞培不会放过他，于是在当年的八月，两军在法萨罗平原的决战就此展开了。

庞培率有骑兵 7000、步兵 4.5 万人，恺撒则仅有骑兵 1000，步兵 2.2 万人，实力非常悬殊。

战前，恺撒的士兵们拆毁了他们的军营，填满了他们的壕沟，以示必死之心。而庞陪的属下们已经争论着将来谁要接替恺撒的位置，或是暗中派人到罗马去物色华丽的宅邸。他们纷纷沉醉在虚幻的美梦中,反而把作战视为次要的事了。恺撒的百战之师虽然在数量上占有劣势,但是他们士气高昂，反观对手，庞陪的很多军队还是新兵。

恺撒把自己仅有的部队分为左、中、右三翼。将中翼和左翼分别交给卡本尼斯和安东尼负责指挥，自己则统率第十师作为右翼。庞培也将自己的部队分作三翼，庞培自己和西庇阿分别统率右翼和中翼，左翼的骑兵则由托米特斯指挥，以对付恺撒亲自率领的右翼。

庞培的战略是先用骑兵以闪电式击溃恺撒的右翼，然后再向左、中两翼去包抄，使恺撒的后方不战自乱，紧接着，庞培自己统率的右翼和西庇阿的中翼出动猛攻，使得恺撒首尾不能兼顾，然后将他一举歼灭。

恺撒看到敌方的骑兵全都集中在自己的对面，自忖单靠第十师不足以应付，于是紧急调补人员，来右翼增援，同时，传令左、中两翼，密切注意敌方骑兵的动态。

大战的序幕就此拉开了。

首先是庞培军的左翼骑兵以排山倒海之势，向恺撒的右翼直冲而来。恺撒早有准备，他把紧急抽调来的几营人埋伏在阵前的壕堑中，有的手持长矛，专刺骑在马上的骑兵，有的手执大刀，专砍马脚。

当骑兵队向前猛冲时，这些埋伏的人一拥而出，使得托米特斯指挥的骑兵人仰马翻，侥幸没有被砍倒或刺到的则立刻调转马头，企图后退，不料又撞上接踵而来的骑兵，顿时阵脚大乱，自相践踏。

此时，恺撒布置在第二线的弓箭手万箭齐发，可怜6000骑兵，还没有接触到恺撒的第十师，就已经折损了一大半，剩下的则纷纷落荒而逃了。

庞培的左翼既已崩溃，中军和右翼也无心恋战，而恺撒亲率的第十军却及时赶到，加入厮杀。庞培的麾下虽人数众多，却已经军心大乱。失去了自家骑兵保护的庞培步兵哪里能抵挡得住罗马骑兵的铁蹄，转身便逃，只恨爹妈少生了两条腿。而那些仆从军更是吓得屁滚尿流，边跑边喊："我们被打败了，我们被打败了！"数万大军顷刻间就全面崩溃，这岂是庞培始料所及的。他知道大势已去，躲在堑壕中，偷偷地剥下一个战死的士兵的衣服换上，混在败兵之中，仓皇逃往海滨。

恺撒见大胜已成定局，欣喜万分。不过，当他巡视战场，只见尸骸遍地，受伤者惨痛的呻吟在原野上飘荡，他心里不觉一阵凄楚，他立即下令，不得赶尽杀绝，而且要尽快抢救伤员，安葬阵亡的人。

时近黄昏，恺撒独自巡视战场，心中想着一段难以告人的秘密。过去,恺撒曾经和他的情妇塞西莉亚生过一个孩子,名叫布鲁图斯，如今这个孩子已经长大成人，听说在庞培军中服役。

恺撒挂念着这个孩子的生死，他在岑寂的战场上高呼着布鲁图斯的名字，一遍又一遍，一处又一处，终于在一个战壕里把他找到了。

世上也真有这么巧的事，布鲁得斯果然没有死，他躲在一条堆满尸体的战壕里,本来打算趁黑夜来临以后再逃亡的。当他听到有人喊他的名字，而且声音里并无恶意时，于是便大胆地从战壕里爬出来，站在恺撒面前。

恺撒一句话都没说，他已经感觉到，这正是他的儿子!他把布鲁得斯带回营房，让他洗澡，换上新的军服，这才又重新打量了一番。他发现布鲁得斯和他年轻时非常相像，英俊挺拔，目光坚毅。他既兴奋又感慨地说:“你已经长得这么大了，看来是一位标准的罗马军人，真令人高兴!”恺撒当场赐给他一把短剑和一柄犀利的匕首，并对他说:“孩子，这些都是作为一个军人所不可少的，你把它们留着吧。”

庞培之死

清冷的月光照在杳无人迹的战场上，猫头鹰在树林中发出令人战栗的悲鸣，使得这灰色的大地益发显得凄凉恐怖。

庞培躲在林中的灌木丛里，直到夜幕低垂，四顾无人，才偷偷地走出了树林。他满脸污垢，衣衫褴褛，浑身上下血迹斑斑，又粘上了不少灰土。他又饥又渴，嘴唇和喉咙都快要干裂了，连呼吸都觉得很困难，他踉踉跄跄地奔向一条小溪，也顾不得自己的手有多脏，捧起一捧水就往嘴里灌，喝了水后，浑身的疲惫也缓解了不少，于是打起精神，蹒跚前进。黎明前，他爬上一座小山丘，看到了不远处白粼粼的水面，他知道自己已经到达地中海的北岸了，由于过度的疲劳，他伏在岸边的一块岩石旁不知不觉睡着了。

当他被耀眼的阳光照醒时，已经中午了。他向海面眺望，虽然有船只在航行，但因距离太远，即使是这边喊破了嗓子，船上的人也不会听到的。他只好耐着性子坐在沙滩上等待，剩下的，就只有听天由命了。

快近傍晚时分，他远远见到一艘商船向他这个方向驶近，他高举双手拼命地挥舞，终于被对方发现了。那艘商船放下一条小艇，把他接到大船上去。船主把这位身着破烂军服，满脸胡须的流泪汉上下打量了一番，然后问他说："你怎么会流落到这个地方，你打算往哪儿去？"

庞培心想，现在我已脱离险境，不妨把我的真正身份告诉他，也许会受到特别的礼遇。于是他回答说："我是罗马的大将庞培，不幸被叛将恺撒击败，不知道你们的船要开往哪里去？"

船上的人听了他的话，不禁哄堂大笑起来。他们认为这家伙准是疯了，才会口出狂言，就他这副模样，怎可能是一位大将军呢？大家你一言我一语地嘲笑着，庞培又羞又急。

突然间，庞培想起自己手上的一枚戒指，这是他和茱莉亚结婚时的定情信物，上面刻着自己的名字。他立即将那戒指脱下来交给船长看，然后又把这次失败的经过大致说了一遍，人们这才相信了他的真正身份。

船长告诉他说，这艘船要驶往埃及，问他愿不愿意随行。

庞培想着，埃及与罗马一直有来往，而且罗马曾经借了一大笔钱给埃及，两国的关系非常密切，假如我能去埃及，就能收回部分的借款，然后召集我的旧部东山再起，这岂不是一个天赐良机吗？

就这样，几天之后，庞培在埃及的亚历山大港登陆了。

经过船长的介绍，庞培认识了埃及国王手下的一名宠臣伯狄诺斯，庞培请求他为自己引见国王。这位喜欢弄权的宠臣，为人阴狠狡诈，由于国王对他宠信有加，使得他敢于瞒上欺下，为所欲为。所以伯狄诺斯表面上和庞培虚与委蛇，其实他心中则另有打算。所以当他见到这位落魄的将军时，毫不客气地问道："将军为何想觐见我们国王啊？你先告诉我，以便禀呈。"

庞培回答道："这事说来话长，我国的叛将恺撒从高卢率兵回国，开始作乱，在法萨罗平原决战时，我军不幸战败。我希望贵国能助我粮饷及船只，让我回去整理旧部，消灭叛逆。事成之后，我保证加倍奉还。"

狡黠的伯狄诺斯假装同情地听着，心里却在盘算着：俗语说，成则为王，败则为寇，他如今已成丧家之犬，居然还口出狂言，说什么事成之后，他可以代表罗马加倍奉还等等。我早听说，恺撒这个人在罗马极有威望，正因为如此，他才能击败实力雄厚的庞培。我如果帮助庞培去对抗恺撒，胜算不大，说什么也不能冒这个险。要赌博的话，我宁可下注在恺撒的这一边。这个奸佞小人顷刻之间，就作了重大的决定，他敷衍着说："好吧！我会把你的意思转报国王，至于国王能否答应，我还没有把握，你且暂时住下，等候我的回音吧！"

庞培的命运就这样被决定了！

公元前 48 年 9 月底，在一个月黑风高的晚上，一位蒙面刺客潜进庞培下榻的行馆，趁庞培熟睡之际，把他给杀死了，并且割下了他的头颅，尸体则用袋子装着抛到大海里去喂鱼。一代名将居然被小人出卖，葬身于异国他乡，如此下场，实在可悲！

奔赴埃及

法萨罗一战庞培虽然被击败，但庞培的船舰未曾受到损害，仍然活跃在海上。

恺撒一面命令部下清理战场，一面收编庞培的残部。恺撒对这些人也没有丝毫的歧视，仍然授予他们原有的官阶和

埃及女王克里奥佩特拉雕像

待遇，使他们感恩戴德，短短的几天内，前来归顺的人多达两三万人。从这件事看来，恺撒并不是一个有勇无谋的人，他的成功绝非偶然。

恺撒事先已经打听到庞培逃往埃及的消息，十月初，他乘船追到了埃及。他本以为可以在埃及和这位政敌相遇，却没有想到，当他抵达亚历山大港时，庞培已经遭到埃及人的毒手了。

当伯狄诺斯向他呈献庞培的首级时，他转过头去，不忍心看。虽然庞培是他的敌人，但是一位盖世英雄竟然落得如此下场，恺撒心里的滋味很不好受。

恺撒立即命人将庞培的首级厚葬，至于流亡埃及的庞培的亲友、眷属全部释放。

当时的埃及是由托勒密十三世和他的姐姐克里奥佩特拉（公元前69年—前30年）共同执政。不过，他们姐弟之间常起争执，那些奸佞之辈便乘机进谗弄权。由于托勒密年仅17岁，少不更事，当然容易听信谗言。姐姐克里奥佩特拉比他大一岁，生得非常美丽，而且颇具才干，遇事果断，能辨忠奸，使得那些权臣们惴惴不安，于是千方百计地想将她去之而后快。最后，她终于被废，被逐出宫外去了。

克里奥佩特拉不但美丽动人、风度娴雅，而且深谙历史、文学和哲学，她会说希腊语、埃及语、叙利亚等多种语言，据说也曾经写过几篇著作，一篇是讨论埃及的度量制度和钱币等有关问题，另一篇是谈论化妆术。

她确实是一位颇具才干的统治者，而且也深深了解埃及是无法脱离罗马而独立的，因此，有心拉拢这位炙手可热的罗马将军恺撒。不料，她的理想还未能实现，反被逐出宫门。

恺撒对这位倾国倾城的埃及女王仰慕已久，当他觐见埃及国王托勒密十三世时，她已被逐出宫外。因为没有见到心仪已久的埃及女王，恺撒感到非常失望。当他听说女王是被权臣所陷而被废时，不免生起一股同情心，并由同情而产生愤慨。恺撒担任罗马执政官时，曾批准一笔贷款，借给埃及政府，他准备乘此机会，向埃及索回旧债。

托勒密左右的权臣们当然了解恺撒的真正意图，因此，力劝国王拖延搪塞，以致双方弄得很不愉快。他们甚至故意散播流言、制造仇恨，极尽毁谤、挑拨之能事，想迫使恺撒自动离开。

恺撒带在身边的士兵并不很多，他除了派人回去通知将领们作好准备，以便随时进军亚历山大港外，自己也小心翼翼，时时提防。

当时埃及有一个意大利籍商人，因为久居埃及，他的生活习惯、衣着乃至语言，几乎和埃及人没有差别。他交游极广，上自王公大臣，下至贩夫走卒，他都能一视同仁，由于他生性慷慨，人人都愿意和他交往。

有一天，他来拜访恺撒，诉说乡情以后，他悄悄地向恺撒献计说，他有办法可以使恺撒跟克里奥佩特拉女王见面。恺撒一听，欣喜莫名，立即吩咐他去安排一切。

这位神通广大的意大利籍商人当然知道女王被幽禁在什么地方，他也经常带些稀奇的东西卖给女王。这一次，他背了一个大袋子到女王那儿去，先和守卫的士兵们称兄道弟地客套一番，然后就进到里边去。

女王见到他以后，问他说："今天带了些什么东西来？快拿给我看看。"

他神秘地一笑，眼看四下无人，就凑上前去，悄悄地告诉她说："恭喜女王，您的机会来了。罗马的大将恺撒，现在来到埃及，住在亚历山大港，他同情您的处境，有意要助您复位，我可以带您去见他。"

"去见他？这里门禁森严，你可有办法带我离开此地？"

"这个您放心，您看我今天带来的是什么东西？"

"一个大袋子。"

"不错，就请您暂时委屈一下，躲到毛毯里我再把你放到袋子里，背您出去。门口的卫兵跟我熟得很，决不会盘查的，只要一出这个大门，就万事大吉了。"

别看这位商人身材魁梧，但是他心思缜密，考虑得很周全，女王立刻同意了他的建议。她把侍女们支开，然后蜷缩在毛毯里，让商人把自己塞进那个大布袋中，在袋口露出一个小小的洞，以免窒息。这种想法确实很周到。

当他走近门口的卫兵时，故意笑着说：“我大老远带了这么多东西来，谁知道女王阁下一样也没看上，唉，我只能再背回去了。”

卫兵们讥笑他说：“你摸不清楚女王的喜好，空跑一趟，怨得了谁？”

“是啊！徒劳往返，我今天真是倒霉透了！弟兄们，再见了。”说着，商人就背着袋子扬长而去。

看到这位商人背着一个大布袋走了进来，恺撒觉得很奇怪。商人放下口袋，喘着粗气，同时把目光移向布袋。恺撒顺着他的目光看去，但见布袋微微地蠕动，聪明的恺撒已经明白是怎么一回事了。

他蹲下去轻轻解开袋口的绳索，一位千娇百媚的绝代佳人顿时出现在眼前。恺撒有些不知所措。

倒是风华绝代的艳丽女王首先开口说道：“久仰恺撒将军的大名，我就是埃及女王克里奥佩特拉，我被奸臣所害，而被放逐于外。今天承蒙将军的搭救，我没齿难忘！如将军能助我肃清朝内奸党，复我王位，我必将感恩图报，绝不食言。”恺撒一开始只是倾倒于她的美丽，现在又听到她这一番优雅的谈吐，深深佩服她的镇定和智慧。

一个是举世无双的绝代佳人，一个是英勇盖世的罗马统帅，他们将共同创造历史上光辉的一页。

埃及国王托勒密十三世年幼无知，被权臣们弄于股掌之上。这批人也视恺撒为眼中钉，密谋要暗杀他。

有一次，他们邀请恺撒去赴宴，准备暗中埋伏杀手，灌醉恺撒后将他杀害。不料，事机不密，走漏了风声，被恺撒得知。恺撒索性一不做二不休，率领军士杀进王宫。幼王托勒密十三世则被权臣们挟持着逃走了。

恺撒随即把克里奥佩特拉女王迎回王宫。王宫建筑宏伟，坚固异常，而且里面粮械充足。恺撒率领自己的部下驻守在宫里，同时把王宫和附近的剧院改成临时堡垒，作为外围的防御。还分别派人到小亚细亚、叙利亚等地去求援。

当他见到停泊在亚历山大港内的船只时，料想在无设防的情况下，这些船只势将落入敌人之手，恺撒当机立断，命令部下去把它烧毁，一时烈焰冲天，迅即蔓延到岸上，使得亚历山大港的图书馆连带遭殃，当时，图书馆藏书已有 70 万卷，据说有 40 万卷被烧毁。

埃及的权臣们挟天子以令诸侯，他们命令军队把王宫团团围住，虽然一时攻不进去，但却希望他们在粮尽援绝时自动投降。就这样，围攻了好几个月，始终僵持不下。

由于宫里的存粮日渐减少，必须经常冒险冲出去夺粮。有一次，恺撒亲自率领一小队军士，乘坐小船到邻近的一个岛上去寻找粮食。不料在中途被埃及的船只拦截，双方展开了猛烈的战斗，这时候，风急浪大，恺撒乘坐的小船撞上了岩石翻了。幸亏当时天色已晚，恺撒带着残部趁夜色游向岸边，逃回王宫。

没过几天，恺撒站在王宫花园的小丘上向海上眺望，只见水天相接处出现几个黑点，这些黑点慢慢扩大，已可清晰地看出是一支规模颇大的舰队。

他三步并作两步地奔去告诉克里奥佩特拉，并拉着她一起走上小丘，指着海面说："你看，我的援军终于来了，一切都可以按照我们原定的计划实行了！真令人兴奋！"

恺撒从小亚细亚调来的援军终于赶到。庞大的舰队浩浩荡荡地驶进亚历山大港，丝毫未遇到抵抗，因为包围王宫的军队闻讯后立刻溃散，逃得无影无踪了。

恺撒督率大军水陆并进，沿着尼罗河，一路向南追击敌人，埃及军队不堪一击，迅即战败溃逃，被挟持的可怜幼王死在乱军中，而亚历山大之战到此便结束了。这是公元前47年3月间的事。

恺撒计划扶持克里奥佩特拉为埃及女王，她却坚持着必须和幼弟一同执政。这位幼弟年仅十三四岁，克里奥佩特拉的意思是，自己是实质上的女王，而弟弟则承袭传统的名号，称为托勒密十四世。

公元前47年，克里奥佩特拉生下一个男孩，谁都知道这是和恺撒生的，但恺撒并没有正式承认。当时人都称这孩子为恺撒里昂（公元前47—前30年）。

这个孩子降生以后，基于女性的本能，克里奥佩特拉有了另一种想法。她的内心深处有一份骄傲，也有一份惆怅，她把所有的政治期望都寄托在了儿子身上，她希望自己的儿子能登上王位，但是现在这个状况，显然是不能如她所愿的。她守着自己的秘密，连恺撒也不曾告诉。

当这种欲望在心中膨胀得越来越激烈时，她已经等不得襁褓中的婴儿慢慢地长大，就想把弟弟从王位上赶下来，或贬谪到远方去，甚至于希望他早些死掉。她明明知道这种邪恶的想法不能获得神明的饶恕,但是权力的欲望在心中燃烧，她顾不了这么多了。

克里奥佩特拉这位才智、容貌超凡出众的女性，一旦面临政治上的抉择时，就变得极端的冷酷无情，即使是同胞手足亦在所不顾。终于有一天，那位和她共同执政的幼弟，在克里奥佩特拉的授意下被人杀害了。

事后，她还假惺惺地显得万分哀恸，下令全国军民服丧，并把他的尸体制成木乃伊，予以厚葬。她的心里不是没有痛苦，她从小就最喜爱这个弟弟，但是为了自己的儿子，她顾不得了。

这件事件处理完毕，她不敢马上扶立自己的儿子为王，以免引起人们的疑心。

三年以后，也就是公元前 44 年，她再也按捺不住，于是，在征得恺撒的同意后，马上把她的儿子——恺撒里昂扶上王位。

平定内乱

公元前 47 年，恺撒在埃及停留前后达九个月之久。或许是因为打了十年的仗，他想歇歇了。

就在这时，忽然小亚细亚传来军书，恺撒派驻在小亚细亚的将领卡维纳斯报告说，米特里达梯的儿子法尔纳塞斯与兵作乱，已夺回本都、小亚美尼亚、卡帕多西亚等地。卡维纳斯的兵力不足，屡遭败北，情势非常危急。

古罗马执政官恺撒雕像

恺撒接获战报后，于当年六月亲自率领大军离开埃及，赶往小亚细亚去平乱。当年八月，恺撒大帝和法尔纳塞斯的军队发生激战，恺撒军以锐不可当的气势，一举将法尔纳塞斯击溃，平定了米特里达梯王的叛乱。

恺撒在小亚细亚获胜后，致信罗马的友人，信上有这么一句名言——我至，我见，我胜。

接着，恺撒立刻返回罗马。他发现留守罗马的安东尼才干不足，没有充分的统治能力，因此，罗马城内一片混乱。

恺撒面临的首要问题,就是倾注全力以恢复罗马的秩序，并且使元老院能够正常地召开会议，其次是设法减轻无产市民的经济负担，以平抑其不满情绪。

这时候，恺撒得知一些退役老兵发生了暴动，他们所持的理由是没有获得应得的报酬。

恺撒的口才虽然不像西塞罗那样充满热情、智慧和修辞的锋利，但他独创了一种简洁、精练，而且雄壮动人的风格，他的辩才仅次于西塞罗而已。

恺撒再一次发挥了他雄辩的才能，他冷静地称呼他们为"各位市民"，并向他们解释说，他们已经退役而不再是士兵，当然就不能向政府要求军人的待遇。这些退伍老兵经他这么一说，也就无言以对，一场暴风雨就此平息。

在非洲方面也有动乱。在法萨罗平原一役中，战败逃亡的西庇阿（庞培的岳父）曾汇集了一部分残余部队远赴北非。另一败军之将加图也逃到了非洲。双方会合在一起，拥有步兵 3.5 万人，他们依然野心不减，还想东山再起呢！

非洲的努米底亚王名叫犹巴，他本想置身事外，不愿卷入罗马人的政治纷争中。但是西庇阿和加图大军压境，他又无力反抗。

就这样，西庇阿和加图在努米底亚盘踞下来，而且居然在非洲成立了流亡政府，也设有元老院。由元老院任命加图为最高统帅，西庇阿则从旁协助。恺撒当然不能眼看着他们在非洲势力壮大，何况西班牙也传来了叛乱消息。恺撒计划先解决了非洲问题，再去西班牙平乱。

在元老院中，恺撒把当前的情势作了一番详尽的分析，接着，宣布了自己的计划和步骤。

当时，元老院中有人提出质疑说："远征北非和西班牙都得漂洋过海，我们哪儿来这么多的船只呢？"

恺撒微笑着回答说："阁下的顾虑确实很对！大军渡海远征，自然非有大量船只不可。关于这件事，我早有安排，我在埃及的时候，曾命人在小亚细亚制造了大量的船舰备用，只要一个命令下去，就可以调集到我们的南方港口来。"

因为恺撒已有缜密的计划、周详的安排，因此，元老院就立刻批准了他的请求，让他率军去远征。

恺撒进攻非洲的路线是，先从意大利的南方渡海，经西西里岛，在地中海的南岸登陆。

公元前 46 年春，恺撒亲自率领庞大的船队，浩浩荡荡地渡海出发了。步兵、骑兵数万人，加上马匹、粮草、器械、给养等，载满了几百艘船只，它们迤逦前进，煞是壮观。当他们驶经西西里岛时，见到岛上安宁如常，于是继续扬帆开航，不久，就抵达非洲的北岸。

恺撒率军登陆后，命令船队分批回航，以便源源不断地补充给养。

当时非洲的土著部落尚未开化，个个凶暴强悍，视杀人为家常便饭。恺撒的军队往内陆推进时，必须步步为营，时时警戒，一不小心，就会遭受土人偷袭，造成无谓的损失。这些从未到过蛮荒地带的罗马将士既恐惧又惊奇，那些罕见的飞禽猛兽，以及各种怪异的花卉果实都令他们目不暇接、心花怒放。

西庇阿和加图听说恺撒居然率领庞大舰队渡海来征讨，不免慌了手脚。西庇阿究竟经验丰富，论胆识或智慧都超过那一伙人，他不得不故作镇定地安慰他们说："这一仗是免不了的！不把恺撒解决掉，我们就回不了罗马。如今他自己送上门来，正好趁此机会解决问题。"有些人心里没底，于是反问他道："我们身处蛮荒地带，万一败了怎么办？你有没有万全之策，保证我们能获得胜利！"

"关于这一点，我在几天前就已经计划好了。"西庇阿胸有成竹地说。

"那就请你说出来让我们听一听，也好使大家安心。"

"我的计划是这样的，你们大家都知道塔普苏斯这个地方非常险要，对不对？我准备把我们的主力集中在那里，储存好足够的粮食。因为塔普苏斯四面环山，只有一条羊肠小道往北方，恺撒的骑兵根本派不上用场，即使他以步兵通过，我们只需在峡谷地带设下埋伏，保证可以将他们歼灭，使他们有去无回。"

大家听了西庇阿的一番分析，极感振奋，加图尤其精神抖擞，立刻下令，派人前往塔普苏斯去构筑工事，准备据险顽抗。

恺撒派出的侦察人员得知了西庇阿的企图，飞快地向恺撒报告。恺撒不加迟疑，他要先发制人，使敌人措手不及。恺撒挑选精壮军士，配以轻装备，经由土著向导的带领，翻山越岭，并穿过茂密的丛林，很快地到达塔普苏斯谷地。一声令下，恺撒的士兵以雷霆万钧之势冲杀下来，那些构筑防御工事的敌军以为是天兵下降，只好举手投降。

在这同时，恺撒亲率大军进击西庇阿的旧巢穴，杀得敌人措手不及，只得仓促应战，无奈西庇阿的军士们全无斗志，只管逃命。

这一仗恺撒赢得非常轻松，西庇阿的几万步兵和骑兵顷刻间被杀得溃不成军，西庇阿也在战乱中阵亡。

加图率领小部队逃到了乌提卡城，他的部下希望继续抵抗恺撒，但是加图知道大势已去，他给那些企图逃命的人发放路费，同时劝自己的儿子向恺撒投降。而他自己既不准备逃命，也不愿在恺撒统治的世界中苟存，后来自杀身亡。

庞培的儿子只身逃往西班牙去投靠他的弟弟；犹巴王回到努米底亚时为部下所拒，他走投无路，用自杀结束了生命！

从此，北非的动乱宣告结束。这是公元前 46 年 4 月间的事。

恺撒任命萨卢斯特为努米底亚总督，重新划分了非洲。当年的七月，恺撒重回罗马，元老院推举恺撒为独裁官，任期是十年。这种情绪在罗马还是破天荒头一遭。

八月间，元老院为了表彰他的功勋，特授予他空前的殊荣——举行四个凯旋式：高卢的胜利、埃及的胜利、平定法尔纳塞斯之乱，歼灭北非庞培的余党。

恺撒的凯旋大游行，场面壮观威武。大会堂前面的广场上，聚集了好几万群众，争睹英雄的风采。

号角长鸣后，恺撒出现了。他头戴金盔，身着闪闪发光的铠甲，腰佩短剑，神采奕奕地骑在骏马上，率领着他的部将们绕场一周。这时候，数万群众齐声欢呼，数里之外犹清晰可闻。在历史上，这是罗马历史上空前的盛况。

在北非战役中，庞培的长子只身逃往西班牙，因为他有个兄弟在西班牙，广植私党，势力渐渐壮大，最后竟把恺撒派驻在西班牙的副司令逐出西班牙国境。

这兄弟俩都是庞培的前妻所生，虽然从名分上说他们是恺撒的外孙,实际上并无血缘关系。他们一心只想为父报仇，也顾不得恺撒是他们名分上的长辈了。

由于这两个后生小辈在西班牙兴兵作乱，愈来愈猖狂，以致恺撒不得不在当年的冬季，亲率大军前往西班牙平乱。

大军在西班牙登陆后，立即派出侦察兵去搜索敌方的主力，侦察回来的情报说，庞培的两个儿子集结数万残党盘踞在孟达城。

恺撒当年曾经一度率兵到西班牙去平乱，因此，对西班牙境内的各种情况非常熟悉，有关山川险阻、港湾、街道，以及交通、地势等等，莫不了如指掌。

恺撒在战略上一向讲求直截了当、速战速决。

公元前45年3月，恺撒亲率大军直逼孟达城下，本想一鼓作气把孟达城攻占下来，却不料对方事先已有准备，早已预先在郊外的丘陵丛林中设下埋伏。当恺撒军正在猛烈攻城时，却被埋伏的敌军从后面掩杀过来，使得恺撒军腹背受敌。

恺撒不愧为一代名将，他一看情势不妙，立即下令所有的部队密集一处，形成一处坚固壁垒，避免力量分散而被各个击破。

作战时，将士拼命固然重要，但最重要的是主帅的统御指挥。主帅必须镇静、睿智，判断准确，并且还要有卓越而丰富的军事知识，才能临危不乱、化险为夷，以最少的牺牲换取最大的战果，进而赢得最后的胜利。恺撒的军事天才一直受到后人的推崇，就以孟达一役来看，他确实是当之无愧！

当时城内城外的敌军，本以为恺撒军必被击溃无疑，却不料对方的队形陡变，形成一个坚强的壁垒，如同钢铁的碉堡一般，不免大惊失色，昂扬的斗志萎缩了一半。恺撒见到敌方正在犹豫、彷徨，不知如何应对的窘态，怎肯放过机会？他一声令下，分兵两路去攻打腹背的敌人。恺撒本人身先士卒，反复冲杀，军士们见到主帅亲自去冲锋陷阵，因此，个个奋勇争先，以一当百地把敌方杀得落花流水，抱头鼠窜，没命地逃跑。

孟达城被攻陷时，庞培的次子当场战死。几天以后，他的哥哥在逃亡的途中被手下杀死，提了首级来向恺撒邀功。恺撒慨叹之余，命人将其厚葬。

这次战役，罗马军队虽然在中途遭受伏击，但由于恺撒当机立断，扭转颓势，转败为胜，恺撒军只折损了一千多人，却击败了敌军数万人，平了西班牙的叛乱。

从此以后，罗马进入了一个安定和平的时期。这也是罗马最强盛的时期。

执政生涯

公元前 45 年 10 月，恺撒回到罗马。这时候，他所开拓的疆土广阔，横跨欧、亚、非三洲。东起幼发拉底河，西至西班牙；北面占有高卢，南面占有整个北部非洲。恺撒对国家的贡献不能说不大。

当一个人的功绩达到顶峰时，往往毁谤和厄运也随之而来。罗马人对于恺撒毁誉参半。有些人认为他对庞培一家人手段过于毒辣，为什么要赶尽杀绝，连根拔除呢?

公元前 44 年 2 月，元老院任命恺撒为终身的独裁官，并兼监察官、司法官等要职。依照罗马的传统，贵族是不能充任护民官的，事实上，恺撒早就兼有护民官的实权了。而且，当时人们又给他加上一个至高无上的尊号，称之为“恩彼洛”，意思是至高无上，实际上就等于是罗马的皇帝了。

基于这一点，又有人担心恺撒集大权于一身后，会废除共和政体而实行君主专制。这种顾虑倒也是合乎常情的。

恺撒本人一向是平易近人，喜欢接近民众，他虽出身于贵族，却一直以平民派领袖自居，始终为广大的平民请命，尽力为他们谋求福利。

恺撒自从被任命为终身独裁官后，更是小心翼翼力求表现。他曾致力于调和贵族与平民间的不平等，而且如今又表现出大度宽容的磊落襟怀，凡是过去与他为敌的人，一律明令赦免，不予追究，并恢复其原来的职位。例如，他的好友卡西乌斯就曾一度和恺撒的敌对派结合在一起，但是恺撒则不计前嫌，仍然任命卡西乌斯出任大法官，有制订法律的权力，地位仅次于执政官。

恺撒经常说：“战争是出于万不得已，战争不但不能消除怨恨，反而会造成新的仇恨。人与人之间本该和平相处，如果一味恃强凌弱，那么怨仇越结越深，永无了期。作为一个政治家，应该有这样的认识，才能为民造福，不负国人的期望。”

恺撒宽恕政敌的仁厚作风，赢得不少的彩声，就连西塞罗也称赞不已。

过去恺撒和加图的妹妹塞西莉亚有过一段恋情，盛传布鲁图斯就是她和恺撒所生的孩子。布鲁图斯幼年丧母，加图就把这个外甥收养在自己身边。

加图是一位著名学者，他长时间生活于公众关注之外。很少在公众场合出现，但是当他出现在论坛上时，他的演讲和修辞学技能得到最高的称赞。他视布鲁图斯如己出，亲自教导他,把自己所学全部传授给这个聪颖而力求上进的少年。不久，布鲁图斯就精通法律与军事，对希腊文化和拉丁文均有很深的造诣，后来娶了他表妹波蒂亚（加图之女）为妻。

布鲁图斯从小就被寄养在舅舅家里，他的学识也是舅舅一手教导出来的，所以一直对舅舅敬爱有加。当他获悉舅父兵败自杀时，内心的哀恸久久难以平复。

恺撒虽不敢明显地对布鲁图斯表露出父爱，但是言谈举止间却掩饰不住那份出自真诚的情感，布鲁图斯自然也体会得出来。

这种关系真是微妙！布鲁图斯究竟知不知道自己的身世，外人难以臆测。不过，由于舅父之死，他对恺撒始终难以释怀。也许他知道自己的身世,而痛恨恺撒诱奸他的母亲，使他背上私生子的丑名。当恺撒提拔他出任大法官时，他虽勉强答应，但他对恺撒并不曲意逢迎，由此可见他是一位正直的青年。

如今各地战乱都已平定，恺撒想起了埃及的恋人——克里奥佩特拉，很想把她接到罗马来住一段日子。他写了一封文情并茂的长信，派遣专人送到埃及去。

克里奥佩特拉独自深居王宫，身边虽有幼子相随，但每看到这孩子，就想起恺撒。终于有一天，侍臣报告说，罗马派来一位使者，要求亲自觐见。她立刻传旨召见。

使者当面呈上一封书信，果然是恺撒的亲笔信函。信中说已经在罗马为她准备好了一座舒适豪华的宅邸，务必早日起程等等。

女王读完信，心花怒放，立刻传旨下去，要厚赏来使。她连夜写好一封回信，告诉恺撒，“不日即可起程，当你接到回信时，我已在中途，很快就能和你见面了”。

第二天清晨，她迫不及待地召见使者，当面把回信交给他，叫他马上回罗马去复命。使者高高兴兴地叩谢告辞，立刻动身回去了。

女王又把当初救她出来的意大利商人召来，吩咐他随驾同行。同时又召集群臣，向他们宣布说，为了交涉埃及和罗马的债务问题,她必须亲自去商谈,一切政事由他们共同处理。

女王把大小事务安排妥当以后,立即起程乘船离开埃及。在那位意大利商人的引导下，女王一行轻车简从，在意大利登陆，并没有引起太多人的注意。随即，女王住进恺撒为她准备的行馆中。

恺撒之死

恺撒一向喜欢交游，他很乐意去结识一些诗人、学者，所以他的文学造诣也很出众，从他留传后世的两部巨著——

恺撒半身雕像

《高卢战记》和《内战记》就可以看出，他不但是卓越的军事统帅和政治家，他的天赋是多方面的。由于上述的两部史书，使他在学术上占有一席之地，而被誉为罗马四大史家之一。

恺撒虽系贵族出身，但却一直以平民领袖自居，他的作风平易近人，凡是具有真挚情感的人，不论其出身高低，他都乐于交往。

自从出任执政官,尤其是被推选为终身的独裁官之职后，他日常接触到的官场中人，大多是曲意逢迎、阿谀谄媚之辈，使他深感厌恶，常常公开奚落他们，经常搞得这些人羞愧难当，无地自容，而又敢怒不敢言。这些人恨得咬牙切齿。

当然，当着他的面，被羞辱的人是敢怒而不敢言，但心底里却切齿痛恨，终生难忘。例如，护民官佛莱维斯和马路拉斯就是。

恺撒是反对种族歧视的，他曾颁布一道法令，规定凡是本国和属地的人民，不分种族，一律享有同等的权利。很显然地，他希望帝国的成年男子都享有罗马公民权，

他把任命总督的权利从元老院中夺回来，由自己任派，并可以随时解除其职务。同时，他把元老院的人数增加到 900 人之多。有贡献于罗马的高卢人也可以作为高卢人的代

表进入元老院。

这些举措使元老院中贵族派系的人感到不满，因此，在他们中间渐渐地出现一股反恺撒的暗流。埃及女王和小恺撒住在罗马也使他们惶恐不安，因此有人谣传恺撒计划做皇帝，与埃及女王结婚，并且要把首都搬到亚历山大港。

当时，曾经流传一个讽刺性的对话。

有两位元老，聚在一起闲聊，其中一个说道："你知道不知道，彗星明天就会出现？"

对方听了这话，马上报以诡谲的微笑，悄声回答说："当然啦，这还有疑问吗？我们的恩彼洛早有命令颁发下去了，他的命令是谁都无法抗拒的，就连天上的星星也不例外。"

"他统治地球还不满足，竟然连宇宙都想征服。"

"哈哈！哈哈！"

恺撒对于这些风言风语，当然不会全无所觉。有一次，恺撒跟几位友人走在路上，有些拥护他的群众齐声高呼"恩彼洛（意思是至高无上）"，场面非常热烈。

恺撒扫视了一下路旁的群众，他警觉地发现在欢呼的人丛中，竟有怒目而视，不发一言的。他顿有所悟地高喊着说："我的名字叫恺撒，不是恩彼洛。"

在罗马，2 月 15 日的牧神节是一个狂欢的节日，为的是纪念丰饶之神卢帕克斯。街道上挤满了狂欢的罗马市民，会议厅的广场上早已聚集了数万群众，他们引颈企盼，希望一睹这位功勋盖世的英雄——恺撒的风采。

广场的一角奏起雄壮的军乐，接着号角长鸣。身着紫袍、神采奕奕的恺撒挽着爱妻卡帕妮亚出现了，身后紧随着英俊挺拔的安东尼。

克里奥佩特拉在远处的楼窗口，观赏这狂欢节目的进行，当她看到恺撒手挽妻子的亲昵表现时，一阵妒意袭上心头，这是女性的本能，倒也不足为怪。

当她转移视线，瞥见旁边的安东尼时，实感微微一惊，眼中不自觉地便流露出一种异样的光芒。

克里奥佩特拉低声地问身旁的商人说："跟在恺撒夫妇后面的人是谁？"

"他是恺撒手下的一员大将，恺撒对他极为信任。"

"他叫什么名字？"

"安东尼，他现在是罗马的执政官。"

"哦！安东尼，安东尼！"

接着，举行赛跑仪式，克里奥佩特拉的目光始终盯视着安东尼，一刻也没有离开过。

在赛跑节目完毕以后，突然出现一个不寻常的镜头。

安东尼跑毕回来，喘息未定，就拿起预先准备好的花朵点缀而成的王冠，走到恺撒面前，深深地鞠了一个躬，然后把花冠戴到恺撒的头上去。

这个突然 举动立即引起一阵激烈的骚动，在一片嘈杂声中，有欢呼也有唏嘘。

这次戏剧性的表演，很可能是恺撒和安东尼事先计划好，刻意安排用来测验民意的。虽然是戏剧性的表演，但已说明了一个事实，那就是罗马人并不是全都拥戴他称王。反应敏捷的恺撒立刻举起右手把花冠推开，紧接着是欢声雷动。安东尼又再重复地表演两次，恺撒仍一再地把它推开，群众的欢呼也一次比一次热烈。

人民不希望恺撒取消共和体制，不希望他做皇帝。恺撒这一举动明白地向人民表示他不打算称帝，而民众的反应也不免使他感到有些失望。在是否称帝的问题上，他内心是矛盾的。

在人群中，有一个衣衫褴褛的盲人高喊着说："恺撒啊！你要留意三月十五那一天啊！"

可是，在那种喧嚷、嘈杂的场合中，谁会理会他的话呢？虽然他力竭声嘶地高喊着，但他的声音很快被喧嚣的声浪淹没了。

克里奥佩特拉回到住处，一时思潮起伏，自忖自己以埃及女王之尊，在罗马却未受到应有的礼遇，反而看到恺撒夫妇的恩爱镜头，因此心中感到无比的委屈。

她不愿再在罗马待下去了，当晚就吩咐随从整理行装。公元前 44 年 4 月，她回到了亚历山大港。当狂欢盛典过后，恺撒赶去看她时，已经人去楼空了。

当安东尼献上花冠，三度被恺撒拒绝时，群众的欢呼声响彻云霄。布鲁图斯面带苦笑向卡西乌斯说："你听，好像罗马人欢呼拥戴恺撒做皇帝似的。"

卡西乌斯说："听你的口气，并不希望恺撒为王，对不对？"

"当然喽！他对罗马的贡献，我衷心钦佩，但我不赞成他做罗马人的皇帝。"

"是啊！他的很多行为都应该受到谴责。他把埃及女王接来罗马，早就被人议论纷纷了。你看，他在节日庆典上，身着紫色长袍，这是只有国王才能穿的。还有，他公然把自己的肖像铸在硬币上，从这些迹象来看，他的野心不是很明显了吗？"

"我也有同感，安东尼三次献上花冠，三次被他推拒，这不是出于他的内心，而是见到群众的反应不得不如此，在他内心里，肯定是希望人们拥戴他称帝的。"

"有一次，恺撒坐在维纳斯封庙里，当元老院议员们驾临时，他竟高傲地没有起立相迎，有人为他辩护说，正好他的癫痫旧病复发，无法站立。其实大家的心里都很清楚。"

卡西乌斯身体羸弱，但智慧极高。当年，他和恺撒结识时恺撒就曾夸奖他，虽不能作为一个叱咤沙场的大将，却是一位了不起的参谋人才。不过，在他进入元老院后，却被一些贵族和财阀所笼络，已经站到反对恺撒的立场上去了。布鲁图斯一直都是恺撒非常信任的人，如果能将他拉拢过来，他们成功的概率就大了很多。

他和布鲁图斯谈得非常投机，他已摸清布鲁图斯的心意，因而尽力游说，希望推举他为刺杀恺撒的主脑人物。因为卡西乌斯已经获得元老院议员以及一些贵族、财阀的支持，这项计划已渐趋成熟、势在必行了。

卡西乌斯继而进一步试探布鲁图斯说："就以你来说，400 多年前，你的祖先不是英勇地推翻过专制国王吗？你的身世，你的才智，岂在恺撒之下？我们怎能让罗马再受独裁的统治？你说对不对？"

布鲁图斯学识丰富，忧郁善变，据说他的祖先曾于 400 多年前罢黜过国王。在舅父加图的教导下，他精通希腊文，热爱哲学，崇奉柏拉图和季诺。尤其是斯多葛派的诛灭暴君思想，对他的影响很大。他曾经说过："我的先祖认为不应该容忍暴君的存在。我要继承先人的传统,绝不跟暴君妥协，即使是对自己的父亲也不能够例外。"他治理山南高卢时正直廉洁，任满回罗马时，恺撒任命他为副执政官。

布鲁图斯在听了卡西乌斯的一番话后，立刻会意，他以平静的口吻回答说："你的意思我完全了解，相信这件事情迟早总会发生的，现在让我回去好好地思考一下再答复你，如何？"

"好吧！请你仔细地考虑考虑，希望能很快给我一个答复。"接着，两人就分手了。

恺撒于典礼完毕，手挽卡帕妮亚，身后跟随着安东尼和凯斯加等人，准备走出会场，四周的群众发出疯狂的欢呼，恺撒向他们频频答礼。

当他偶一抬头，瞥见卡西乌斯和布鲁图斯在亲密交谈时，不禁蓦然一惊，心中似有某种预感而显得惴惴不安。

他回转头去，对着安东尼，又像是自言自语地说："卡西乌斯身体羸弱但智慧超群，瞧他那苍白的脸色和诡异的眼神，还得提防他一点。他书读得很多，理想也高，总不愿屈居人下，我跟他是多年老友，对他非常了解，今后还得小心点才是。"恺撒一行人继续前行，布鲁图斯从看台上走下长廊，快步地追上前去，悄悄地扯了一下凯斯加的衣角。凯斯加会意，立刻掉转身来，离开了恺撒一群人，悄悄地跟着布鲁图斯走了。他俩到了一个僻静处，密谈了很久才分手。

卡西乌斯回去以后，杜撰了几个罗马市民的名字，分别以不同的笔迹写了许多信，暗中派人投到布鲁图斯的住处去。

布鲁图斯独自回家，闷坐在书房里发愣。铲除暴君是他的志愿，但恺撒是否会冒天下之大不韪而称帝？如果恺撒真的一意孤行地这么做，当然会激起人们的共愤。但是，以他对我的情分来说，我能狠得下心亲手去杀他吗？

正当他郁闷无计时，仆人送来了几封信，拆阅之下，是罗马市民的投书，敦促他在恺撒尚未称帝以前先行下手，他们都愿意作为后盾，一定要请他出来领导。

有一天晚上，卡西乌斯认为时机成熟，于是带领着凯斯加等一帮人到布鲁图斯的住处来密议。

卡西乌斯逐一为布鲁图斯引见，布鲁图斯心中已经明白了八九分，于是坦率地说："各位深夜来访，必然有重大事件相商，请不妨直说，只要是有关罗马人民权益或福利的事，不管如何危险，我也愿尽力而为！”

随同卡西乌斯前来的凯斯加一行人，认为布鲁图斯是一位值得信任的朋友。他具有良好的教养，为人热忱而善良，也是个理想主义者，深受民众的敬爱，如今若能把他争取过来，则事情就没有不成的道理。

这时候，有人提出一个建议说：“我们必须严守机密，万一泄露，后果不堪设想，为了表明心迹，我们愿意当着你的面宣誓。”

布鲁图斯立刻制止他说：“罗马人的精神是坚守信义，为理想而奋斗，金钱不足以使我们受诱惑，暴力不能使我们屈服。就眼前的情势来看，足以促使我们齐心合力、团结一致，我们的目标相同，为了达成理想，赴汤蹈火也在所不辞，又何必学一般的懦夫，要靠起誓以取信于人呢？”

接着又有人向布鲁图斯提起西塞罗这个人，他说：“西塞罗德高望重，要不要把他争取过来？”

布鲁图斯反对说：“西塞罗固然德高望重，但是他是个不肯附和别人的人，绝不会跟在别人后面去干，再说，他年事已高，已力不从心了！”

紧接着，凯斯加又提出了一个令大家关心的问题：“除了恺撒以外，他的亲信、党羽是否都要一网打尽，以绝后患？”

卡西乌斯立刻表示了他的看法，他说：“恺撒的私党里，最值得注意的是安东尼这个人，他不但握有实权，而且富于计谋。我认为其他的人都无足轻重，只有安东尼这个人，必须一并铲除，绝不能单独把他留下来。”

布鲁图斯沉思了半晌，然后以坚定的语气说：“你们说的不无道理。不过，我个人的看法是，我们是为罗马人除掉即将称帝的恺撒，是为了避免罗马遭受暴君的统治，这个理由谁都不能非议。至于安东尼，他只是恺撒的一只臂膀，当恺撒的身体倒下去以后，这只臂膀也就失去了作用。如果我们坚持再去砍断这只臂膀，会使天下人误认为我们是一个杀人集团了！这样的话，恐怕民众也不会站在我们这一边。”

布鲁图斯的见解确实很有道理,因此大家纷纷表示赞成。

公元前 44 年，为了拯救卡莱会战中被俘虏的 9000 名罗马士兵，恺撒宣布将远征帕提亚。但是，当时的占卜师说“只有王者才能征服帕提亚”,此举更加深共和派议员的不安，认为恺撒终将称王。

正因为这个原因，卡西乌斯一伙人必须加紧进行准备，预定在元老院开会的那一天，在会场上诛杀恺撒。唯有利用那种场合举事，才能说明这全是出于爱国心的正义行动。

公元前 44 年 3 月 14 日的晚上，恺撒邀请几位友人在自己家里用餐。饭后，大家在客厅里海阔天空地闲聊，不知怎么忽然把话题扯到死亡上去，大家竞相讨论“要怎么死才痛快”的话题。恺撒脱口而出地说道：“突然的死才过瘾。”

聊了一阵以后，大家也就各自离去了，谁也没想到此言竟然一语成谶。

3 月 15 日的清晨，恺撒的妻子卡帕妮亚神色紧张地向恺撒说:"有一件事，我早就想告诉你。上个月的今天，罗马不是举行狂欢节吗？据说，有一个眼瞎的预言家在人群中高喊：'恺撒！你要留心3月15日这一天啊！'我们女人最为敏感，所以对这件事，我虽一直耿耿于怀，但却始终不敢向你讲。可是，昨晚上我做了一个噩梦，梦见你全身是血，把我吓出一身冷汗。今天，正好是3月15日，那个预言家在一个月前就曾提出过警告，我看你今天最好就待在家里，不必去元老院开会了。这种事，宁可信其有，小心一点总是好的。"

对于爱妻的关怀体贴，恺撒颇为感动，他微笑地安慰她说：

"你是心里先接受了那么一个警告，才会对这一天始终念念不忘，天天在胡思乱想着到了那一天，将会如何如何。所谓日有所思，夜有所梦，这是很自然的现象。我去元老院开会，不会有什么事的，你放心好了。"

卡帕妮亚终究放心不下，匆匆地赶往神庙献祭。祭司神色凝重地告诉她说："我宰了一只献祭的羊，却找不到羊心，占卜的书上记载着，没有心的羊，根本就是一只死羊。这是非常不吉利的凶兆，千万得小心。"

卡帕妮亚满腹心事地回到家里，暗中叫佣人将恺撒家的祖先遗像打落在地，促使恺撒提高警觉，恺撒顿时一愣，面露犹豫之色。

卡帕尼亚趁此机会，继续劝道："刚才祭司宰羊的事我已经看到了。其实，最近出现的很多怪事并非是胡编乱造，而是很多人亲眼看见的。你想想看，一个普通人的死亡，会出现这么多的预兆吗？唯有巨星陨落才会显出异象，这么一个浅显的道理，你怎么不懂呢？”

恺撒低头沉思了一会儿，却仍不愿失去军人本色，他既是安慰卡帕尼亚，同时也是为自己辩解说：“俗话说，正能克邪，我一生行事，坐得稳，行得正，什么凶神恶煞我都不怕，它们遇见我就会消失得无影无踪的，没有任何事情，足以令我惧怕。再说，如果一件事情早已注定的话，躲也躲不过。”

卡帕妮亚仍不死心，她泪水涟涟地说：“就让安东尼跟议会解释一下，就说你身体不舒服，无法出席，如果有什么重大案件，就请他带回我们家里来处理，这样不行吗？”

恺撒几乎被爱妻的眼泪软化，正在犹豫着。就在这时候卡西乌斯和布鲁图斯来了，催促恺撒去赴会。

恺撒心中思忖着：我多少年来，东征西讨，转战于沙场，出生入死，不知道有多少次了，却从来没有惧怕过，怎么可以因为一个荒谬的预言而胆怯？如果以此为借口而不去开会，岂不被人耻笑？若是当着布鲁图斯和卡西乌斯的面撒谎……

他正在犹豫不决之际，卡西乌斯察言观色，在一旁怂恿着说：“您知道吗？鉴于神明的指示，元老院认为天命不可违，决定在今天开会时拥您为王，这么一个大喜的日子，您一定得亲临参加，不要辜负了大家的一番盛意。”

布鲁图斯紧接着附和道：“这是千真万确的事，早就传开了。”

恺撒听到他们两人一唱一和，心花怒放，但是表面上仍故作镇静地说："如果是神明的指示，我必须顺从。至于名分如何，我却不予计较，只要能够为罗马效力，我别无他求。"

恺撒说完以后，再也顾不得妻子的泪水和劝阻，立刻叫仆人取来长袍，和布鲁图斯和卡西乌斯一起出门去了。

可怜的卡帕妮亚预感到要有祸事将临，她将双手放在胸前，泪流满面地低声祈祷，恳求神明的庇佑，除此以外，她还能有什么办法呢？

这一次的谋杀集团，总共有60人之多，为首的当然是卡西乌斯、布鲁图斯、凯斯加等人。由于人数众多，难免会走漏消息，当时被恺撒的一个朋友知道了，这个朋友匆匆赶往恺撒家去告密。不料，恺撒已经往元老院去了。

他情急之下，赶紧写好一张字条，通知恺撒要小心提防，以免遭人暗算。当恺撒在庞培兴建的剧院里作例行的献祭时，他曾悄悄地走向前去，把事先写写好的字条塞进恺撒的手里，恺撒打开匆匆看了一眼，但并未理会。

就在布鲁图斯一行人簇拥着恺撒前往元老院时，又遇到了那位盲人，他由一个孩童搀扶着迎上前来，口中不停地喊着："恺撒！要注意3月15日这一天。"

"你就是之前那位预言家吗？"

"不错！"

"今天就是3月15日了呀，不是什么也没有发生吗？"

"今天还没有过去呢，你还得留心一点，不可大意。"

“好吧，谢谢你的忠告。”恺撒微笑着道谢后，就径直往会议厅去了。

当他进入会议厅时，数百名元老立即起身相迎。恺撒一面频频答礼，一面扫视会场，觉得并没有什么异常气氛，因此也就安心不少。

在开始议事之前，特雷博尼乌斯（他曾是恺撒手下的名将,如今也参与了暗杀）借口要和安东尼商谈一件重要的事，故意把他拉到会议厅外面去，目的是调虎离山。

安东尼刚一走出会场，布鲁图斯立刻向铁力勒斯·辛勃使了一个眼色。

辛勃会意，立刻手拿一件呈文，恭恭敬敬地送到恺撒面前，自己则哈着腰站在一旁，等候下文。

恺撒瞥了一下呈文的内容，早就知道又是为他那个被放逐的弟弟求情。他转过头去，对一脸惶恐的辛勃说：“你弟弟被放逐是因为他触犯法律，我不能轻易更改法律的决定，我相信，你应该非常了解这一点才对。”

人们早就料到恺撒不会答应辛勃的请求，于是按照预定的计划，纷纷趋向前来，假装代为求情，其实是把恺撒包围起来，以便下手。布鲁图斯首先开口说：“请您念在他跟您多年征战的功劳上，就姑且宽恕他这一次吧！”

恺撒听到身为大法官的布鲁图斯说出这样的话，心里更不高兴了，他冷冷地说：“你也是懂得法律的人，竟然也会说出这种话来？关于这件事的决定，已无可更改，不必再多说了！”

站在一旁的辛勃敞开衣领露出喉部，这是他们事先约定好的暗号。凯斯加手握利刃，冷不防地从恺撒的身后刺中了他的左肩，恺撒只觉左肩一阵剧痛，没等他回过头来，那些人手里的刀剑纷纷刺在他身上，恺撒本想奋力抗御，当他看到布鲁图斯也手持短剑站在谋杀者的一边时，他痛楚地喊着：“孩子！你也来杀我！”

接着，恺撒就不再反抗，他用长袍将头和脸遮住，任他们砍杀。不一会，他就倒在庞培的雕像下了。

恺撒被杀的消息立刻传遍了全罗马，引起了极大的慌乱。

暗杀集团以元老院的名义，贴出安民布告，大意是说恺撒虽然有功于罗马，但如今他有称帝的野心，我们不能容忍一个暴君统治罗马，为了罗马人的自由，必须将其诛灭，否则让他登上帝座，那时我们就无能为力了！市民们不要猜疑，不要惊慌，更不能视举事者为杀人凶手，等等。

市民们看到这张布告后，心中不免又生出各种猜测，但又不知道其中详情，只好静观待变，等待事态的演变和发展。

安东尼见到恺撒被杀，立刻赶往卡帕妮亚处报信，卡帕妮亚听到这个噩耗，顿时昏了过去，等她渐渐苏醒过来，哀痛欲绝地取出一个卷轴，交给安东尼，并告诉他说：“这是恺撒生前预先写好的一份遗嘱，希望你把它向罗马人民宣读，别让他含冤于九泉之下。”

安东尼热泪盈眶地接过了卷轴，安慰了卡帕妮亚一番后才离去。

安东尼带着恺撒的遗书，独自一人往会议厅。广场上的人群越聚越多，安东尼拨开众人奔上石阶，他早已将自己的生死置之度外。

布鲁图斯看到安东尼独自一人返回会议厅，虽感到有点诧异，但随即微笑着走过来招呼说："欢迎，欢迎，我们都在等着你呢！"

安东尼没有理会布鲁图斯，径直走向恺撒的尸体，他右膝跪下，俯身去凝视满身血迹的恺撒遗体，泪如雨下，他转过头来，悲愤地说："恺撒究竟是犯了什么十恶不赦的罪过，值得你们如此地对待他！好吧，趁你们手上的血还没干，干脆把我也给杀了吧！让我倒在恺撒的身旁，死了也光荣！来吧，请动手吧！"

布鲁图斯和卡西乌斯等人纷纷前来安慰他说：

"安东尼，我们实在是万不得已才这样做的。我们不愿意见到一直备受尊敬的恺撒走上暴君之路，我们这样做是为了全体罗马人民。"

"不错，安东尼，你别以为我们的手上都沾满了血，其实，我们每一个人都有一颗仁爱的心，当我们举刀刺向他的时候，我们对他的尊敬和爱戴始终未减少。"

"安东尼，我们对你也一向是尊敬而友善的，关于这件事的善后问题，我们还有很多问题想跟你商量呢！"

安东尼见到他们对自己并无敌意，也就放下心来，而且今后还有诸多问题要费心思去安排，一切还得从长计议。于是他说:“伟大的恺撒已经离开了！事已至此,我不打算追究。今后的局面必须妥善安排，如果有用得着我的地方，我将尽力而为，为了罗马的前途，我愿尽全力。”

布鲁图斯欣慰地接着说:“你对恺撒的忠诚，我们都非常钦佩,希望今后我们能齐心合作,为罗马创造更光明的前途。”

安东尼以肃穆的神态说:“我的意思已经很明白了，各位不必怀疑。至于恺撒身后的事，我希望能有一个妥善的处理。另外，站在我的立场，我希望能在大众面前表达我个人的哀悼之情，希望你们能答应我这个要求。”

布鲁图斯和卡西乌斯交换了一个眼色以后，回答他说:

“这个我们当然同意。恺撒虽然落得如此结局，不过，比起庞培来，他的功绩也是有过之而无不及，我们会给予他应得的哀荣。等一会儿，我将向市民发表演说，等我讲完以后，你可以尽情表达对死者的哀思，尽量赞扬他生前的功勋业绩。不过，有一点希望你能注意，恺撒之死并非是基于个人的恩怨或派别的纷争，而是为了全体罗马人民的自由与幸福，切不可归咎于我们少数人。”

布鲁图斯说完以后，缓步走出会议厅，步上讲台。安东尼则抱起血迹斑斑的恺撒遗体，跟在后面走上台阶，然后把遗体小心翼翼地放在讲台旁的石阶上。

民众一见满身伤痕、血肉模糊的恺撒遗体，顿时发出惊呼，人群里引起了极大的骚动，布鲁图斯声嘶力竭地压制群众的叫嚣和喧嚷，经过很长一段时间，才逐渐平息下来，群众翘首等待事情的演变。

布鲁图斯大声疾呼地开始他的演讲：

“罗马的国民！请你们静听我的讲话，然后请诸位作出公正的判断。

如果在场诸位中，有人说：‘恺撒是我的亲友。’那么我必定大声告诉他：‘我布鲁图斯对恺撒的爱，比诸位对恺撒的爱，要胜过百倍！’如果又有人问我：‘那么你为什么要刺死他呢？’我必定回答说：‘因为我布鲁图斯对罗马的爱，比我对恺撒的爱，又胜过百倍、万倍！’

恺撒活一天，我和诸位就要做奴隶一天；恺撒早死一天，我和诸位就能早一天做自由的国民。诸位是愿意做奴隶呢，还是愿意做自由国民？请诸位自己想想吧！

我为恺撒之死痛哭，因为恺撒爱我；我替恺撒之死欢喜，因为他可以趁着好机会依靠上帝；我看重恺撒，因为他有拔山盖世的气力；我刺杀恺撒，因为他怀着野心，妄图称帝，剥夺罗马国民的自由权。

谁愿意做奴隶呢！如诸位中有愿意做奴隶的，我便请诸位说出个理由来，好让我明白诸位的意愿。谁不愿意做罗马人！如诸位中有不愿意做罗马人的，请诸位发表高见。谁不爱自己的国家！如果诸位中有不爱国的人，也请诸位声明理由。我就在此时倾耳闭口，静听诸位发表言论。

诸位！我等你们发表意见，等了很久了，没有听到诸位反对的论调，因此，我深信诸位是爱自由的人了！我深信诸位必定是赞成我的话了！

如果你们觉得我的行为里有自私自利的成分，有卖国求荣的迹象，那么我现在就在这里，你们来刺死我便是了。

最后，我还要告诉诸位一声：因为爱罗马，我不得不刺死我的挚友恺撒。刺死恺撒的,就是我和我手里的这把短剑。假如他日我的行为与恺撒一样，请诸位就用这把短剑来刺死我吧！要是别人的行为与恺撒一样，那么这把短剑终是不肯饶恕他的！请诸位认清这把剑，认清卖国贼和爱国者！”

布鲁图斯讲到这里，顿了一顿，台下响起一片共鸣:“布鲁图斯,你做得很对,恺撒是咎由自取,怨不得谁！为了自由，应该把他除掉。”

布鲁图斯示意要大家安静下来，他继续说道:“恺撒的功与过，我们都会记载在档案上，以便留存下来，让历史评断。安东尼事先并没有参与我们的计划，但我们仍让他在共和政体中保有一席之地，因为我们的行动绝对不是出于私人恩怨或是派系之争。现在就请安东尼为你们讲几句话。”

这时候，台下一片肃静，民众们一个个凝视着安东尼。安东尼眼含热泪，神色庄重而悲戚地步上讲台，他扫视一下广场上的群众，然后以低沉的声调说道：

“亲爱的朋友们！我是来安葬恺撒而不是来为他歌功颂德的。我发现，人活着的时候，犹如‘好事入泥沙，坏事传千里’。但是一旦死亡，则这个儿女生前的种种也随之永远埋藏于地下，这句话当然是对恺撒说的。

布鲁图斯无疑是位正人君子。今天承蒙布鲁图斯的好意，准许我发表演说，所以我无论如何也该在大家面前说几句话。

布鲁图斯说恺撒怀有野心，倘若果真如此，那么我们必须除掉他，以换取罗马人的自由。我是恺撒的好朋友，我对他了解很深，假如他确实是怀有称帝的野心，确实想摧毁共和、恢复专制的话，那么，他就确确实实死有余辜了！

恺撒当年获胜疆场，缴获的财物莫不归国有，难道这是野心吗？他虽出身于贵族，但却全力为平民争福祉，他见到穷困人的苦况会产生热烈的同情，甚至黯然落泪。有野心的人，能有如此慈悲的心肠吗？上个月狂欢节的时候，你们亲眼看到过，当时我三次以皇冠劝他登基，他三次拒绝，这能算是有野心吗？

遗憾的是，布鲁图斯一定坚持说他有野心，而布鲁图斯又是一位堂堂正正的君子，我有什么办法呢？

从前你们都非常爱戴他，我想那肯定不是无缘无故的。今天他死了，你们反而没有替他伤心流泪，这真使我百思不得其解。如果我的话能唤醒你们的良知，那我就对不起布鲁图斯，也一定对不起卡西乌斯，因为他们一伙人是正人君子呀，我怎敢这样？为了罗马的前途，我宁愿对不起恺撒，对不起我自己，也不愿见到暴乱。”

安东尼停歇了半晌，从怀中取出一个卷轴，继续说道：

“这一个小小卷轴，是恺撒生前预留的遗嘱，那上面写的内容我不愿读出来，因为倘要我读出来，哪怕是愚昧无知之辈听见，恐怕也会要对着恺撒的尸体抱头痛哭。

在我宣读他的遗嘱以前，让我们先来凭吊一下他的遗体吧！现在就请大家站开，在恺撒尸体的侧面站成一个圈。

请看，他遍体是刀痕，血液已经凝结成紫黑色的瘀块，谁看了都会触目惊心，这就是恺撒生前好友们干的好事！他们似乎必得把他剁成肉酱才甘心啊！

杀死恺撒的人都是些正人君子，因为什么私仇隐怨而下此毒手，我实在不得而知。他们既然是些正人君子，老实厚道，那么也一定有他们的道理。朋友们，我来并不是煽动你们闹事的。我不会说话，没有布鲁图斯那种口才。我只是把我看到的原原本本说出来而已。”

这时候，群众中发出一阵怒吼，要立即去烧毁布鲁图斯一伙人的住宅。布鲁图斯一伙人见状，纷纷溜走。

等骚动略为平静以后，安东尼继续说道：“现在就请大家听我宣读恺撒的遗嘱吧！这是由恺撒亲自签名的一份遗嘱，上面清楚地写着，将大量的金钱分配给罗马所有的人民，并将他位于区伯河畔的庄园捐赠出来，作为公众的游憩场所……”

听到这里，广场上每个角落里都掀起一片唏嘘声，悲哀而愤怒的群纷纷拿起武器，像一股巨流似的去追赶布鲁图斯一伙人，为恺撒复仇去了。

奥古斯都时代

屋大维返国

盖乌斯·尤利乌斯·恺撒·屋大维雕像

恺撒被杀是历史上的一大悲剧，由于他的被刺，终于引起了罗马十五年的战乱。后来，经过奥古斯都的大力平定，才又开始继续恺撒未完的遗志。

事发后安东尼躲在家里，静观事态的发展。雄辩家西塞罗等人，也为这突然的事件吓得说不出话来。罗马人民从安东尼的口中知道了恺撒生前立下的遗嘱内容，发现遗嘱里交代的事情，处处都是为人民着想，大家对这位勤政爱民的领袖抱以无比的怀念和惋惜。至于在元老院公然刺杀恺撒的布鲁图斯一帮人，罗马人民对他们则痛恨不已。

谋杀分子看到广场上激愤的群众后，就试图以自由和共和的标语，来赢取民众的共鸣和同情，但是民众丝毫不为这些宣传所动。布鲁图斯眼看自己不能见容于国人，罗马是再也待不下去了，于是率领同党，并挟持了一部分军队，逃往希腊去了。

恺撒认为要维持社会秩序，独裁专制是在所难免的；但反对派的人则认为共和政体不能遭受破坏，恺撒称帝的野心已显露无遗，他们有义务起而把恺撒诛杀，以绝后患。也许，恺撒和反对派人士的想法都没有错，这只能说是历史的悲剧，难以避免的悲剧！

当时罗马城内一片混乱，到处都有暴动。安东尼率兵维持秩序，总算使罗马恢复了暂时的平静。安东尼是一个军人，他的才干虽不及恺撒。但恺撒生前对他非常信任，他也自认是恺撒的合法继承人。

安东尼出身于贵族，身材魁梧，英俊潇洒，而且秉性善良，慷慨好义，对恺撒尤其忠心耿耿。

恺撒被刺身亡后，安东尼以合法继承人自居，飞扬跋扈起来，他在一次拍卖中买下了庞培的房屋，住下后却拒绝付款，并吞没了恺撒不少的私产。他让议会任命自己为高卢总督，而把原任总督改调为马其顿总督。

他这种肆意妄为的态度使得人人侧目，但是大家只敢私下窃议，谁也不愿意公开与他为敌。元老院对眼看安东尼的势力日益壮大，个个都忧心忡忡。经过一番计议，有人提出意见说："恺撒的遗嘱里曾交代把他的私产分赠他三个子侄儿，并声明其中一个名叫屋大维的是他的合法继承人。由于屋大维目前不在罗马，安东尼才大言不惭地以继承人自居，我们何不把屋大维接回来呢？”

“对！关于这一点，安东尼在宣读恺撒遗嘱后，已成为众所周知的事实。”

“我注意到安东尼在读到这一段时脸色陡变，音调也有些颤抖，但这是恺撒的亲笔遗嘱，他是无法篡改抵赖的。”

“不错，只有把恺撒亲自指定的继承人接到罗马来，才是解决之道。”

于是，事情就这么决定了。

屋大维（公元前 63 年—公元 14 年）年方十九岁而少有大志，他的母亲是恺撒的姐姐茱莉亚，祖父是银行家，父亲曾经担任过副执政，后来出任马其顿总督。

恺撒把屋大维收为养子，所以依照罗马的习惯，屋大维接受了新的名字：盖乌斯 · 尤利乌斯 · 恺撒 · 屋大维。直到 17 年以后，他才接受大家所熟知的奥古斯都（译为至尊）的高贵称号。

屋大维自幼便接受了良好教育及严格的训练，有关希腊及罗马的文学与哲学，他都有涉猎。他具有斯巴达式的淳朴风格，后来终于成为历史上最伟大的政治家。

在恺撒被刺以前的几年，屋大维一直是随侍在恺撒左右。

遗憾的是，恺撒自己没有合法的儿子，他把屋大维视同己出，并收他为养子，这件事也是恺撒受人称道的原因之一。

公元前 45 年，庞培虽败，但他的两个儿子在西班牙广植私党，企图叛乱。后来他跟随恺撒到西班牙，在蒙达与庞培的两个儿子作战。由于在这次艰苦的甚至包括一次海难的旅途中所表现出的勇敢，给恺撒留下了深刻的印象。恺撒亲自传授他有关作战要诀及治国之道，在随军征讨的这段时间里，恺撒每天不厌其详地谆谆教导屋大维。

公元前46年9月，当恺撒为庆祝他的多次胜利而举行凯旋式的时候，屋大维也在游行队伍中，并被授予军事荣誉。公元前44年，恺撒任命了一些地方行政官，年轻的屋大维也在此时被任命为骑兵长官。尽管以上事实都证明了恺撒对他的偏爱，但在公元前44年恺撒被害时，他还只是庞大帝国体系里的一个小角色，一个政治上的小人物。

屋大维自幼身体羸弱，患有消化不良症，但他自制力非常强。他平时食不过量，更不饮酒，生活极为规律。正由于他有自知之明，能善加调摄、保养，所以他的寿命反而比那些健壮如牛的人来得更长。

这位伟大政治家的性格严肃、柔弱而精练，虽然缺乏自信却很果决，容易屈从但也很固执。其实，他原先是个理想主义者，但由于当时的环境而被迫成为现实主义者了。

屋大维几年来一直追随在恺撒左右，他对养父的治军、从政、待人接物等有深刻的了解。

屋大维认为恺撒治军时军纪严谨、赏罚分明，能和将士们同甘共苦，作战时则身先士卒、绝不畏缩。像这样一位统帅，他的部下当然愿意为他效命。

屋大维知道养父恺撒也是贵族出身，但是他在仕途上的成就却不是凭借自己的家世和高贵的血统得来的。他一直以平民领袖自居，在执政期间，处处为广大的人民谋福祉，因而颇受拥戴。他所制定的法律,都是以人民的福利为目的的，他确实是具有伟大政治家的胸怀。

恺撒一向平易近人，喜欢和人民接触，他厌恶官场中的繁文缛节，对待朋友也是坦诚相待、信任有加，他也乐意提携后辈，像布鲁图斯就是恺撒一手提拔起来的。

如今，布鲁图斯不但不知恩图报，反而勾结私党，蓄意反对恺撒，甚至公然刺杀了这位伟大的领袖，还美其名曰为民除害，这是何等的卑鄙无耻！

屋大维想到这里，不由得咬牙切齿，一股复仇的意念在他的心中澎湃着。

听到恺撒遇刺的噩耗时，屋大维正在伊里利库姆的阿波罗尼亚，准备参加恺撒东征帕提亚的军队。恰好这个时候，罗马的元老院派人来告诉他说，元老院遵照恺撒的遗言，希望他继承恺撒的遗志，即刻返国执政。

他的朋友和一些高级将领劝他到马其顿的军队去寻求庇护；他的家人则建议他保持低调，并以平民身份返回罗马。屋大维选择了后者。

在他临行以前，和母亲及一些亲友们计划时，有一位好友向他提出忠告说：

“恺撒遇刺后，安东尼就以继承人自居，飞扬跋扈，不把任何人放在眼里。元老院这时召你回去，就是不想坐看安东尼势力壮大。你是恺撒生前指定的继承人，你回去执政，他自然也无话可说。只是那安东尼也不是省油的灯，你必须小心提防才行，以免吃亏。”

另一位亲友说：

“一山不容二虎，安东尼岂肯乖乖地把政权交出来？你如果回去，他说不定会加害于你。你的处境，实在太危险，据我看，不如放弃收养关系和恺撒的遗产继承权，以获得人身安全。”

屋大维的母亲听了亲友们的这番话，也认为颇有道理，她说：“他们所说的，全是肺腑之言，你该多多考虑才是。”

屋大维心中的一股炽热的复仇怒火已经无法抑制，为养父复仇，是他义不容辞的责任，暂时观望、躲避，终非长久之计，他说：

“养父对我恩重如山，我一定要手刃杀害养父的凶手，才能解我心头之恨。安东尼固然是个强劲的对手，但是养父生前对他恩重如山，他在罗马虽然做了很多为人不齿的事，但我们俩现在最大的敌人却是布鲁图斯那班叛徒，他应该不会对付我。不过我会谨记你们的忠告，小心应对，请你们放心好了。”

这时候，屋大维的母亲看到儿子的意志已很坚决，于是叮咛他说：

“你为父复仇的意志值得嘉许，但是你毕竟还年轻，不知道这帮人的厉害，今后做事要三思而后行，切不可冲动。你和安东尼这帮人相处时，要多靠机智和耐力，千万不可凭血气之勇和他们起正面冲突，你要把我的话牢牢记在心头，才能事事顺遂，化险为夷。孩子，神明会保佑你的。”

屋大维就这样踏上了归国之途。

再度结盟

安东尼对他并未重视，至少没有对他正眼相看。他既没有派人去会见屋大维，也没有打探他的意图，也许他认为这个年轻人不足为患。

就这样，屋大维先被立为恺撒的嗣子，接着是安东尼、雷比达（恺撒的旧部将）和屋大维等三人共同执政。

一开始，屋大维谦虚地请教安东尼，该如何处置谋杀恺撒的人。而安东尼正因为高卢总督布鲁图斯抗命不肯改调为马其顿总督，准备率兵去征讨，因此无暇顾及屋大维提出的问题，反为这孩子的喋喋不休而感到厌烦。

没过多久，屋大维又提醒安东尼，应该赶快遵照恺撒的遗言，把他的遗赠物，尤其是遗嘱里讲明赠给罗马市民的钱早日分给他们。安东尼怎肯把已经吞没的财富再吐出来？因此，一再地找借口拖延。

屋大维认为养父既然已经在遗嘱里有交代清楚，而且也已经当众宣布过了，全罗马人都知道了这件事，应该信守承诺。于是他四处奔走，最后，靠了恺撒生前旧友们的协助，筹足了一笔款项，分发给罗马人民以及恺撒的旧部。

屋大维这一举动不仅赢得了全罗马人的好感，也赢得了恺撒一些旧部的拥戴，屋大维就借着这个机会组织了自己的军队。

雷比达才干平庸，并无过人之处，安东尼可以把他玩弄于股掌之间，可是这个屋大维就不同了。对安东尼而言，屋大维的存在真是有如芒刺在背，必欲除之而后快。

安东尼对屋大维此举大为恼火，因此他放出消息说，屋大维想独揽大权，并企图要暗杀他。屋大维对此竭力否认，并要追究谣传之来源。

正在安东尼和屋大维争吵不休的时候，老奸巨猾的西塞罗以及一些元老们,则在一旁乘机煽动屋大维对安东尼宣战。他们此举无非是坐山观虎斗,希望屋大维和安东尼两败俱伤，而他们则坐收渔利。

在恺撒派与布鲁图斯等人之间的冲突与危机日益加剧的情况下，安东尼与屋大维的关系也在进一步恶化，尽管有人从中调解，安东尼仍指责屋大维策划了针对他的阴谋，而屋大维也试图破坏安东尼从马其顿带来的军队对他的忠诚。

血气方刚的屋大维由于谨记母训而尽量克制自己，但时日一久，忍耐到了极限，加上西塞罗等人从中挑拨，屋大维决心要跟安东尼摊牌了。

终于有一天，屋大维率领自己的两个军团和另外两个执政官的军队联盟向安东尼宣战，处于政治生涯晚期的西塞罗也领导着元老院站在屋大维这一边。

在穆提那战役中，安东尼战败逃亡，越过阿尔卑斯山去投奔他在山北高卢的政治盟友。而那两位执政却也战死沙场。当屋大维班师回到罗马后，就成为军队的唯一统帅了。

如今，屋大维已经握有军权，于是向元老院提出两点：第一是提名他为执政；其次是收回对谋害恺撒的人的赦免令，而依法予以处死。

然而出人意料的是，元老院抛弃了屋大维，而将布鲁图斯任命为对抗安东尼的军事总指挥，却只给屋大维一个小凯旋式来敷衍他。这使他有一种难以磨灭的屈辱感。于是，屋大维决定与安东尼言归于好，并再联合雷比达重组三人政治。经过两天的艰难谈判，他们最终达成了一个协定：这三位恺撒派人士将组成一个"组建国家政权的三人集团"，为期五年。

罗马历史上第二度的"三头政治"称得上是血腥统治时期，三雄的联军控制了罗马，他们把元老院里的300名元老及两千多个商人处死。

出于对财富的需要，他们以复仇和筹措军饷为名宣布说：凡是捉到一个犯人，普通人可以领得两万五千的奖励，奴隶则可领得一万的奖励。他们又宣布说有钱人要处重刑，寡妇所继承的财产也都被抢夺一空。他们命令驻军严加防守，以防止犯人脱逃，因此凡是多少涉及谋杀案，或与谋杀者有关的人只好千方百计地设法躲避，枯井、排水沟、丛林、地窖、烟囱等都成了他们的隐蔽所，有人反抗被杀，也有人自动投案，至于畏罪自杀者更比比皆是。

当然，在一片混乱中，也有被误杀的。偌大的罗马瞬间变成人间地狱，惨不忍睹。

安东尼和屋大维火拼，主要是受了西塞罗的挑拨离间，安东尼当然不会放过他。何况，西塞罗在监狱里杀死了安东尼的继父。

屋大维起初反对，因此当初他得到恺撒被刺的消息赶回罗马后，却遭到安东尼的冷遇和排斥。当时的屋大维势孤力单，只得诉诸西塞罗和元老院。西塞罗、元老院为了利用他们之间的矛盾，不惜采取了扶植屋大维的策略：提升他为元老院成员，甚至同意为他招募的军队提供财政资助。

但是他很快就同意了，因为他也不能忘怀西塞罗曾对谋杀恺撒的凶手们赞颂备至这件事，更忘不了西塞罗有一次以双关语来戏弄他的往事。据说，西塞罗有一次和别人谈起屋大维时，他的评语是：这个年轻人值得赞誉、授勋、晋升。最后的“晋升”一词，它还有另一层意思“杀害”。事后，屋大维知道这是西塞罗戏弄他的俏皮话,因此一直耿耿于怀。

当时，西塞罗一看情势不对，他料定三雄再度复合必然饶不了他，本想乘船逃亡，不料风急浪大，年迈的西塞罗又晕船，于是就当晚就暂时住进他郊外的别墅里。

外面追捕的风声很紧，家人们惊惶万状。但西塞罗则暗自寻思：我和屋大维他们结怨已深，绝难化解，元老院里已有 300 名元老被杀，他们自然也不会放过我这个始作俑者？我已经到了这个岁数，能逃到哪里去？就是逃得了今天，也逃不了明天，落得如丧家之犬一样，又是何苦呢？ 于是他就打定主意，准备束手就擒。

第二天凌晨，忠诚的仆人不由分说，强把他抬上船去，准备继续逃亡。

可是为时已晚，安东尼的追兵赶到，在岸边和西塞罗的仆人们发生格斗。

西塞罗面容憔悴、步履蹒跚地走出船舱，声嘶力竭地制止说："一人做事一人当，你们别滥杀无辜，你们既然是奉命而来，要杀要剐，悉听尊便！"说完就伸直脖子慷慨赴死。

这位辩才无碍的罗马著名文学家，也曾当过执政官的显赫人物——西塞罗，就此了结一生。这是公元前40年的事。

布鲁图斯和卡西乌斯等一批残党逃往希腊后，在各地强征豪夺，大肆劫掠，人力财物被搜刮一空，弄得民怨沸腾，当地人对他们恨之切骨。

公元前 42 年春季，三雄联军渡过亚得里亚海，抵达了色雷斯。这时候，他们便分兵两路进军，由屋大维和安东尼分别统率。布鲁图斯也将一半的部队交由卡西乌斯指挥，以抗拒三雄的联军。

当年秋季，双方在腓力比城正面遭遇了。

一开始，屋大维因为身体不适，无法发挥正常的攻势，而且营地也被占领了。布鲁图斯打了一个胜仗。

另一方面，卡西乌斯截获一个错误的情报，说是布鲁图斯已被屋大维打败，因而军心大乱，被安东尼一举击溃，卡西乌斯在兵败之后自刎而死了。

此时屋大维卧病在床，安东尼重组部队，休息数天后与屋大维会合，两军合力猛攻布鲁图斯。

布鲁图斯知道生死存亡仅在此一战，于是全力拼斗，誓死顽抗，经过二十多天的激战，布鲁图斯的部下伤亡惨重，渐渐不支，布鲁图斯眼看大势已去，也自杀身亡了。

安东尼看到昔日的好友如今已伏剑身亡，感慨之余，当场脱下自己身上的紫袍，覆盖在布鲁图斯的遗体上，以表达悼念之意。

腓力比之役是罗马贵族最后的一次战争，三雄的政敌都相继消灭，如今罗马已完全是三雄的天下了。

安东尼获得了东方,并保留山北高卢和那旁尼西斯高卢，屋大维则得到了帝国西部的绝大部分，和这两个野心勃勃、冷酷无情的同伙比起来，雷必达就显得逊色多了，被排除在核心之外的他只保留了非洲部分。

对于那些曾遭布鲁图斯和卡西乌斯搜括蹂躏的城市，安东尼一律豁免他们的租税，很多被卖身为奴的人也都恢复了自由。帝国东部有许多城市也曾经一度资助过安东尼的政敌，安东尼此时也既往不咎，使当地的人民对他无限感激。

安东尼之死

安东尼于公元前41年到东方省份巡视，并在塔尔索斯派使者去埃及，请埃及女王克里奥佩特拉来此见面，因为有人控诉她曾经帮助叛党卡西乌斯筹措军费及募集兵源。

克里奥佩特拉曾与恺撒有过一段爱情，并生了一个孩子，恺撒是她强有力的支持者。恺撒一死，女王赖以依靠的支柱也就崩溃了，安东尼的召唤对她来说是个福音。当克里奥佩特拉接到通知以后，立刻吩咐属下去准备一艘豪华的游艇，船桅、帆篷以及船身等装饰得鲜艳夺目、华丽异常。划桨的水手全由盛妆而貌美的女仆充任。

当这艘游艇缓缓地进港以前，这件事早已传遍整个埃及，就连附近的居民都一起拥向码头，竞相观看这位女王的庐山真面目，反而把高踞宝座上的安东尼冷落在一旁。

游艇靠岸了，克里奥佩特拉被女仆们簇拥着走向安东尼的宝座前，她面带迷人的微笑向安东尼行礼致意。

当天晚上，克里奥佩特拉在游艇上设宴款待，被邀的除了安东尼外，还有他的部将们，她周旋于众宾客间，使每个人都感到满意。席间，克里奥佩特拉邀请安东尼再度访问亚历山大港，安东尼当然满口答应，觥筹交错间，根本已把原先准备责问她的话抛到九霄云外了。

这位埃及的女性统治者不但外表美丽，也非常有智慧，绝不是一个普通的女流之辈。她深爱着她的祖国和人民，她知道埃及虽然富足，究竟势单力薄，随时有被强大的罗马吞并的危险，为了解救她的祖国，也为了自身王位的稳固，唯一的办法就是依靠一个有力量的罗马人。

当年她的目标是恺撒，如今则是安东尼，这也是由于爱国心的驱使。邀请安东尼到亚历山大港去访问，是她初步的计划。

安东尼受到美人的一再邀约，可谓求之不得，那一年的冬季，安东尼都消磨在亚历山大港，终日无忧无虑，把统治大帝国的事完全抛到九霄脑后去了。

当时的罗马由于连年的战争，恣意掠夺，以及目前的苛杂租赋，国力已经耗费殆尽。市面上是一片萧条景象，失业的人也非常多。这些无业者流落街头，给社会治安带来了极大的困扰。

生活还过得去的人，处在这种境况中，也觉得前途茫茫，因为明日货币贬值，或遭洗劫，或遭杀身，谁能预料？索性尽情享受，今朝有酒有朝醉，这种世界末日的感觉笼罩在罗马人民的心中。

这时候，安东尼的妻子和妻弟趁机组织一支军队，呼吁全意大利人起而反抗，驱逐屋大维，企图一举摧毁屋大维的势力。屋大维被迫起而对抗，他手下大将阿阿格里帕奋力作战，屡战屡胜，终于在公元前 40 年 3 月获得全面胜利，迫使安东尼的妻弟一帮人举手投降。

安东尼的妻子由于遭到挫败，而且迁怒于丈夫移情别恋，置她于不顾，因而忧愤成疾，不久就病死了。安东尼闻讯大惊，赶紧回到意大利。

因为安东尼并未参与这件事，加上他的妻子又兵败身亡，屋大维不愿旧事重提，希望与安东尼握手言和。不料安东尼不仅不能体会他的良苦用心，反而率兵来攻。

两军相遇时，双方的士兵都非常理智，因为他们眼看到战乱频仍、民生疾苦，都不愿再同室操戈、自相残杀，迫于无奈，安东尼只好跟屋大维握手言和，重修旧好。

这时候，又出现了一次“政治性”的婚姻。为了表示亲善、友好，也为了巩固他们的同盟，屋大维把妹妹嫁给安东尼，以弥补他的丧妻之痛。

就这样，罗马得以维持短暂的平静。

安东尼和屋大维的妹妹结婚后，就携妻子前往希腊，在雅典住了下来。

屋大维的妹妹出身名门，有良好的教养，安东尼过去爱上的女人，谁也比不上她，安东尼对这一段新奇的婚姻生活也感到无比的欣慰和珍惜。有这样一位贤淑貌美的娇妻陪侍身旁，他忘却了政治和战争，心无杂念，常常利用余暇潜心研究恺撒留下来的征服帕提亚的计划，日子过得颇为惬意。

就在这个时候，有一位名叫拉比纳斯的，他是恺撒的部将之子，是一位军人兼政治家，深受帕提亚国王的宠信。当时他正率军攻打罗马，业已占领了叙利亚以及罗马附近的肥沃地区，形势非常危急。

安东尼无法再享受这种宁静的和平生活了。他有责任去平乱，以解除当前的危机。但是他需要足够的军队和粮饷，若想解决此一问题，唯有求助于富有的埃及。

于是，他毅然把娇妻送回罗马，自己则和克里奥佩特拉约定在安提俄克会面。克里奥佩特拉带给他一些军队，但是她不赞成他的征战计划，所以只答应提供少量的援助。

安东尼却不顾一切地攻入帕提亚境内，不料连遭挫败，只好撤军还师，但在回程时将亚美尼亚并入帝国的版图，聊以自慰，并在亚历山大港大肆庆祝他的胜利。这是公元前36年的事。

安东尼和克里奥佩特拉的这段恋情又开始了。公元前32年，他俩终于正式结婚，婚后宣称他和小恺撒为埃及和塞浦路斯的联合领袖，并把帝国东部各区都传给他和克里奥佩特拉所生的子女。这是罗马最富庶的地区，此外，安东尼还计划把帝国的首都迁往埃及的亚历山大港。

安东尼在埃及的所作所为激怒了罗马王公贵族，朝野上下对他私自将东方的土地赠送给埃及女王的做法一片指责怒骂。正当此时，安东尼的妻子又收到丈夫宣布要与她离婚的书信。她流着眼泪将这封信交给她的哥哥屋大维。屋大维极为愤怒，他认为安东尼已经受到这位埃及女王的蛊惑，如果他的计划得逞，那么帝国的前途就不堪设想了！

屋大维除了分析利害得失，还设法使国人了解当前的危机而图谋自救：安东尼跟埃及女王结婚后，便把罗马最富庶的军政区割给了女王和她的儿女，同时计划把首都迁到亚历山大港。

屋大维从维纳斯贞女那里窃取到安东尼的遗嘱，在元老院中当众宣读，最令人们吃惊的是，遗嘱中指明他和克里奥佩特拉所生的儿子是他法定的继承人，并且在他死后必须和女王一同葬在亚历山大港。

这份遗嘱给了元老院一记猛棍，安东尼分明是受了埃及女王的蛊惑，而罗马帝国也要受到她的腐蚀了！

在大家的齐声谴责下，安东尼想出一个绝招，他向元老院建议，他和屋大维应该一同退休，以便恢复共和体制。

屋大维当然明白安东尼的用心，于是先发制人，以“为罗马争取独立”的神圣口号向克里奥佩特拉宣战，以撇开安东尼，这是屋大维高明之处。

公元前 32 年 9 月，屋大维率领 400 艘舰艇、8 万步兵以及 1.2 万名骑兵渡过亚得里亚海。

安东尼和克里奥佩特拉的声势则更为浩大，他们率领了 500 艘舰只、10 万步兵以及 1.2 万名骑兵，从爱奥尼亚海出发。

这些部队大都是东方各国所提供的，因为他们也想趁此机会挣脱罗马的统治。

从长远看来，安东尼与屋大维之间的战争可能是有史以来罗马人发动的规模最大的一次内战。

这两支大军遥相对峙，谁也不敢轻举妄动。双方在亚克兴海角附近的安布拉斯湾北面安营扎寨。

公元前 31 年 9 月 2 日，双方终于爆发了一场罕见的大海战。

屋大维手下的得力大将阿格里帕率领机动而敏捷的小艇向安东尼的巨舰进攻，他利用风势进行火攻，这一招实在厉害，巨大的船舰一旦着火，再加上风力强劲，顿时蔓延得不可收拾。

这时安东尼的军队忙着救火，谁还有心作战？而且，冲天的烈焰将火苗带到了邻船上，只见海上火光冲天，浓烟弥漫，一些水手在火势未到达之前，即被浓烟窒息而死，很多人跳海求生，却被海浪吞噬，或被箭射死。

这一场海战胜负已定，安东尼和克里奥佩特拉眼看大势已去，只好舍弃旗舰，仓促间乘上一艘小船逃向亚历山大港。

屋大维在安布拉斯一役大获全胜后，就率军往希腊去攻打雅典，凡是过去资助过安东尼的人，都分别受到惩罚。屋大维在希腊筹集到大量的军费后，又前往埃及的亚历山大港。

这时候，安东尼因兵败而心情沮丧，暂时和克里奥佩特拉分开，独自住在一个小岛上。他听说屋大维来到亚历山大港，于是派人前往求和，但被屋大维拒绝。

另一方面，克里奥佩特拉未经安东尼的同意，就向屋大维献上金质权杖、王冠，以示臣服。屋大维的回复是，只要她把安东尼杀掉，他就会保证不再入侵埃及。

安东尼截获这个消息后，再度派人去见屋大维，请他顾念他们旧日的友情。假如屋大维坚持不肯放过他的话，只要能保住克里奥佩特拉的生命，他愿意自杀以谢国人。

但是，屋大维根本不理会他的请求。

到了这种地步，事情已经弄得很僵。克里奥佩特拉也发了狠心，她把宫廷里所有的珠宝财物堆聚在一起，她通知屋大维，如果事情不能圆满地解决的话，她将把这些财宝统统焚毁，并以身殉，即使屋大维占领了埃及，也将一无所获。

安东尼也被迫作最后的挣扎，他率领残众向屋大维猛扑。当一个人走投无路而作困兽斗时，往往锐不可当，难以抗御，因此屋大维只得命令退却。

就在这个时候，安东尼接获一个不实的情报，说克里奥佩特拉已经身亡。安东尼顿感万念俱灰，决心随她而去。当他拔剑刺中要害时，又忽然听闻克里奥佩特拉尚在人间，之前的情报乃系误传，于是，要他的部下将他抬往克里奥佩特拉处。

克里奥佩特拉看到这一惨状后，悲恸欲绝，她抱着血流不止的安东尼痛哭失声，并很快昏厥过去，过了很久才苏醒。

安东尼无力地睁开眼睛，他以极度微弱的声音，喃喃地说了一句谁也听不清楚的遗言，然后就咽下了最后一口气。

克里奥佩特拉含忍痛亲自料理了安东尼的丧葬，然后去见屋大维，屋大维却不为所动。

克里奥佩特拉沮丧地回到王宫，心里想着：与其被押赴罗马受辱，不如光荣就死。她把后事略作交代，随即身着王服，独自走上王座，她的女仆奉上一个锦盒，里面有一条毒性非常强烈的小蛇。她对锦盒凝视了片刻，然后缓缓地打开盒盖凑近自己的胸前，一条矫捷的小蛇立即爬出钻入她的胸口，克里奥佩特拉以此了结她的一生。

克里奥佩特拉死前，派人给屋大维送了一封信。屋大维收到信，拆开看时，上面写的是："愿将军准许我与安东尼合葬。"

屋大维知道女王已经死了，不免遗憾。他满足她的要求，把她的遗体与安东尼葬在一起。但是屋大维并没有将埃及并入罗马版图，仅只象征性地坐上托勒密的王座，然后就让一个地方官吏代他治理政事。

双雄争夺战就此告终。

屋大维结束了一个世纪的内战，使罗马帝国进入了相当长一段和平、繁荣的辉煌时期，后世尊称他为"奥古斯都"。